AF098630

www.ingramcontent.com/pod-product-compliance
Lightning Source LLC
LaVergne TN
LVHW011958070526
838202LV00054B/4959

* 9 7 8 8 1 9 6 0 7 7 7 8 5 *

ہندو رانیاں

(حالات و سوانح)

از:

نول کشور

© Taemeer Publications
Hindu RaaniaN
by: Nawal Kishore
Edition: December '2022
Publisher & Printer:
Taemeer Publications, Hyderabad.

ISBN 978-81-960777-8-5

مصنف یا ناشر کی پیشگی اجازت کے بغیر اس کتاب کا کوئی بھی حصہ کسی بھی شکل میں بشمول ویب سائٹ پر اَپ لوڈنگ کے لیے استعمال نہ کیا جائے۔ نیز اس کتاب پر کسی بھی قسم کے تنازع کو نمٹانے کا اختیار صرف حیدرآباد (تلنگانہ) کی عدلیہ کو ہو گا۔

© تعمیر پبلی کیشنز

کتاب	:	**ہندو رانیاں**
مصنف	:	**نول کشور**
صنف	:	تحقیق
ناشر	:	تعمیر پبلی کیشنز (حیدرآباد، انڈیا)
زیر اہتمام	:	تعمیر ویب ڈیولپمنٹ، حیدرآباد
ترتیب / تہذیب	:	مکرم نیاز
سالِ اشاعت	:	۲۰۲۲ء
تعداد	:	(پرنٹ آن ڈیمانڈ)
طابع	:	تعمیر پبلی کیشنز، حیدرآباد – ۲۴
صفحات	:	۱۲۰
سرورق ڈیزائن	:	مکرم نیاز

فہرست

دیباچہ	نول کشور	7
(۱) اہلیا		9
(۲) میترئیی		10
(۳) گارگی		12
(۴) تارا		14
(۵) مندودری		15
(۶) سیتا		17
(۷) سکنتلا		29
(۸) کنتی		32
(۹) دروپدی		38
(۱۰) گندھاری		45
(۱۱) اترا		48
(۱۲) جشووا		49
(۱۳) رکمنی		50
(۱۴) پریم دیوی		51
(۱۵) دمینتی یعنی دمن		52

55	بکیا	(۱۶)
60	بدیاتما یا بدیادھری	(۱۷)
64	لیلاوتی	(۱۸)
68	کھونا	(۱۹)
69	سنجوگتا	(۲۰)
75	کورم دیوی	(۲۱)
76	پدمنی	(۲۲)
79	کولا دیوی اور دیول دیوی	(۲۳)
81	میرانبائی	(۲۴)
82	مرگ نینا یعنی آہو چشم	(۲۵)
83	تارابائی	(۲۶)
87	روپ متی	(۲۷)
91	درگاوتی	(۲۸)
95	جودہ بائی	(۲۹)
99	اہلیا بائی	(۳۰)
115	رانی کور	(۳۱)
117	رانی سورنا بائی	(۳۲)
118	رانی کرناتھ	(۳۳)

دیباچہ

آج کل ہندوستان میں لڑکیوں کی تعلیم و تربیت کا بڑا چرچا ہے۔ ایک طرف گورنمنٹ کا سررشتۂ تعلیم زنانہ مدارس اور مکاتب پر خاص توجہ کر رہا ہے۔ دوسری طرف ہندو اور مسلمان لیڈر اپنی اپنی قوم کی لڑکیوں کو تعلیم دینا اپنی قومی ترقی کا ذریعہ خیال کر رہے ہیں۔ اور ہر قوم کے مناسب حال نصاب تعلیم کا بندوبست ہو رہا ہے۔ اکثر مطابع بھی تعلیم کی توسیع میں مدد دے رہے ہیں۔ اور بیشک ہر قوم کے لئے اُس کے مذاق کے موافق نصاب تعلیم کا مقرر ہونا ضرور ہے۔ کیونکہ ہر قوم کو اپنے قومی کارناموں کے پڑھنے اور سُننے سے خاص دلچسپی ہوتی ہے۔ ایک ہندو عورت اپنی قوم کی رانیوں اور قابل فخر عورتوں کے حالات بہ نسبت مسلمان عورتوں کے زیادہ شوق و رغبت سے سُنیگی۔ اسی طرح ایک مسلمان عورت کو مسلمان عورتوں کے حالات پڑھنے اور سننے میں دلچسپی زیادہ ہوگی۔ اور بیوگرفی ایسی چیز ہے۔ جس سے ہر قوم اپنے واقعات میں بُرائی کا حصّہ دیکھ کر اُس کے چھوڑنے پر آمادہ

ہوسکتی ہے۔ اور بھلائی کا حصہ اُس کو بھلائی کی طرف مائل کر سکتا ہے۔ اس لئے ہم نے مناسب جانا کہ ہندو خاندانوں میں پڑھے جانے کے لئے اس ملک کی ہندو رانیوں اور نامور خاتونوں کا ایک علیٰحدہ تذکرہ لکھا جائے۔ جو اب تک اُردو میں نہیں پایا جاتا۔ نظر براں مختلف کتابوں سے ہندو خاتونوں کے نام چھانٹ کر اور اُن کے صحیح حالات معلوم کرکے یہ مجموعہ مرتب کیا گیا ہے۔ ہم کو اُمید ہے۔ کہ یہ تمام ہندو خاندانوں میں خاص دلچسپی سے پڑھا جائیگا۔ اور دوسرے مذہب کی عورتیں اور عالم مرد اُس سے ضروری معلومات حاصل کر سکینگے۔ اس کے پڑھنے سے ہر لڑکی اور عورت کی یہ خواہش ہونی چاہیئے۔ کہ اس کا نام بھی اوصاف عامہ و خاصہ میں آئندہ تعریف خاص کا مستحق سمجھا جائے۔ اور اُس کے حالات سے آئندہ آنے والی نسلیں اُس کو بطور عزت و افتخار کے بیان کرنے والی اور بطور سبق کے یاد رکھنے والی ہوں۔ اور لڑکیاں تعلیم و تربیت سے ایسی آراستہ نظر آئیں۔ کہ اُن کی قوم کے مرد اُن پر فخر کرنے والے ہوں۔ اور اُن کی گودیاں اُن کے بچوں کے لئے ایسا گہوارہ ناز ہوں۔ جس میں وہ ہنستے کھیلتے ابتدائی تعلیم و تربیت سے آراستہ ہو کر سکول اور کالج میں داخل ہوں +

ہندو رانیاں

اہلیا

ہندوؤں کی تاریخ میں سب سے پہلی مشہور عورت اہلیا ہے۔ لیکن اُس کا حال اس کے سوا اور کچھ معلوم نہیں کہ وہ ذات کی برہمنی تھی اور گوتم نام ایک رشی جو بڑا پنڈت اور بزرگ شخص تھا۔ اُس کا شوہر تھا۔ اگلے شاعر مزاج مورخ لکھتے ہیں۔ کہ جب اہلیا کا نام زبان پر آتا ہے۔ تو عورت میں جو اعلےٰ درجے کی نزاکت اور حسن کی خوبیاں ہونی چاہئیں۔ اُن کا تصور بندھ جاتا ہے۔ اُس کا جمال بقول کسی شاعر کے ایسا تھا۔ کہ فرشتوں کو آسمان پر سے کھینچ لائے یا انسان کے دماغ کو عرش پر پہنچائے۔ کہتے ہیں کہ آسمان کا راجا اندر اُس پر عاشق ہوا اور اُس کے خاوند کی غیبت میں اُسی کا بھیس بدل کر چند روز تک اُس کے گھر میں رہا۔ جب گوتم کو یہ بھید معلوم ہوا۔ تو اُس نے اپنی بی بی کو یہ بددعا دی۔ کہ جب تک راما اوتار

نہ ہو۔ خدا تجھ کو مسخ کر کے پتھر بنائے رکھے۔ اور اندر کو اُس کی بد افعالی کا یہ پھل ملا۔ کہ اُس کا سارا جسم نازیبا نشانوں سے پھل گیا۔ پھر بعد کو ان نشانوں کی آنکھیں بن گئیں۔ تاکہ ہر آنکھ اُن افعال کو دیکھے اور شرمندہ ہو۔ یہ قصہ یونان کے ایک قصے سے بہت مشابہت رکھتا ہے۔ اور اس قصے سے یہ نصیحت نکل سکتی ہے۔ کہ عورت کو دوسروں کی چالاکی سے ہوشیار رہنا چاہئے +

میتریئی

دوسری مشہور عورت میتریئی ہے۔ یہ عورت یاگنی ولک ایک رشی کے ساتھ بیاہی گئی تھی۔ ویدوں کے ایک اُپنشد میں اس رشی کا حال یوں لکھا ہے۔ کہ جب اُس نے دُنیا کے چھوڑنے کا ارادہ کیا۔ تو اوّل اپنی بی بی سے اس امر میں صلاح پوچھی اور کہا کہ اگر تم اجازت دو تو میں فقیر ہونے کا ارادہ رکھتا ہوں اور جس قدر میرا مال ہے تم اور میری دوسری بی بی کاتیانی آپس میں تقسیم کر لو۔ میتریئی نے کہا کہ اگر ساری زمین اور اُس کی دولت میرے قبضہ میں آجائے تو کیا میں امر (کبھی نہ مرنے والی) ہو سکتی ہوں۔ خاوند نے کہا۔ کہ بیشک دولت۔ عمر جاودانی کا ذریعہ

نہیں۔ لیکن اس سے زندگی آرام اور چین سے گزر سکتی ہے۔ میترییؔ نے کہا تو ایسی دولت مجھے نہیں چاہیئے۔ مجھے وہ رستہ بتاؤ۔ جس سے ہمیشہ کی زندگی اور نجات ابدی حاصل ہو۔ یاگنی ولک عورت کا یہ استغنا دیکھ کر نہایت متعجب ہوا اور اُس کو سامنے بٹھا کر نجات کا رستہ اس طرح بتانے لگا۔" انسان کو ابدی زندگی اُس وقت حاصل ہو سکتی ہے۔ جب سب چیزوں سے اپنا دل اُٹھا کر خدائے واحد کا دھیان کرے۔ خوشی اور رنج جو کچھ انسان پر گزرتا ہے۔ سب رُوح کے تعلق سے ہے۔ اس لئے سب چیزوں کو ذی روح سمجھ کر رُوح ہی کا دھیان کرنا چاہیئے۔ کیونکہ جس ایک میں سے سب چیزیں نکلی ہیں۔ انجام کو سب اسی میں مل جائینگی۔ اور نجات اسی کو ہوگی جو برہم کی معرفت حاصل کرے"۔ یہ حکایت ایک ایسی عالی حوصلہ عورت کی ہے۔ جو ایک بڑے رشی کی بی بی اور اُس کی بی بی ہونے کے لائق تھی۔ اور یہ اس بات کی بھی نظیر ہے۔ کہ اگلے زمانے میں ہندوؤں کو اپنی بیبیوں کی بڑی خاطر منظور تھی۔ اور وہ بغیر اُن کی صلاح اور مشورے کے کسی بڑے کام کے کرنے کا ارادہ نہ کرتے تھے۔ اور اُن کو نہ صرف اُن کی دُنیوی بہبود مد نظر ہوتی تھی۔ بلکہ وہ اُن کی آخرت کی بھی فکر رکھتے تھے +

گارگی

تیسری مشہور عورت گارگی ہے۔ اس نے اپنے علم و فضل اور ذہن و ذکا کے سبب بہت شہرت پائی۔ ویدوں کے ایک اپنشد میں اس کے اور یاگینی ولک کے ایک مباحثے کا ذکر اس طرح لکھا ہے۔ کہ ایک دفعہ راجا جنک فرمانروائے ودھاس کے ہاں بڑا جگ ہوا اور کورو اور پنچال دیس کے بڑے بڑے مشہور اور فاضل پنڈت اس کے ہاں جمع ہوئے۔ راجا نے اس نظر سے کہ دیکھیں اس مجلس میں کونسا برہمن بڑا فصیح اور علم والا ہے۔ ہزار گائیں خریدواکر اور ان کے سینگوں پر سونے کے خول چڑھواکر برہمنوں سے کہا کہ تم میں سے جو شخص شاستر کا سب سے بڑا عالم ہو وہ ان کو لے لے۔ یاگینی ولک کے سوا کسی کو یہ جرأت نہ ہوئی۔ کہ ان کو ہاتھ لگائے۔ اس کے کہنے سے اس کا ایک چیلہ سب گائیں ہنکا کر اس کے گھر لے گیا اس بات پر تمام برہمن نہایت برہم ہوئے۔ اور راجا کے پروہت نے اس سے کہا کہ بغیر ثبوت اپنی لیاقت اور فضل کے تم کس طرح اس دان کے مستحق ہو سکتے ہو۔ اس پر یاگینی ولک نے اس مجلس کے تمام بڑے بڑے فاضلوں کو ڈنڈوت کرکے کہا کہ میں اپنے آپکو ہی اس کے لینے کا مستحق سمجھتا ہوں۔ جس کو

کچھ دعوے ہو مجھ سے بحث کرلے۔ اُس وقت مجلس میں سے چھ آدمی جن میں گارگی بھی تھی مباحثے کے لئے مستعد ہوئے۔ان میں سے پانچ برہمن تو تھوڑی ہی دیر کے بعد ساکت ہوکر رہ گئے۔مگر گارگی نے بڑی دیر تک ایسی فصاحت اور لیاقت کے ساتھ گفتگو کی۔کہ جس کو سن کر تمام اہل مجلس عش عش کرنے لگے۔گارگی کے اس مباحثے سے اگلے ہندوؤں کے اطوار کی نسبت کئی باتیں معلوم ہوتی ہیں۔ اوّل یہ کہ اُس زمانے میں بھی عورتیں پڑھی لکھی ہوتی تھیں۔ دوسرے یہ کہ اُن وقتوں میں پردہ نہ تھا۔اور عورتیں مجلسوں اور مباحثوں میں شریک ہوتی تھیں۔ اور جیسا اب لوگ اپنی رائیں کو اخباروں یا کتابوں میں چھاپ کر مشتہر کرتے ہیں یا کسی مجلس میں کھڑے ہوکر سناتے ہیں۔ اُس زمانہ میں یہ دستور نہ تھا۔ بلکہ جو بات کسی کو لوگوں کے دلوں پر جمانی ہوتی تھی۔ وہ مباحثے کی مجلسوں میں پیش کی جاتی تھی۔اور ایسی مجلسیں کسی جگ یا تہوار کے موقع پر ہوتی تھیں۔ ان مجلسوں میں عالم فاضل پنڈت اپنے علم و فضل کے جوہر دکھاتے تھے اور اہل مجلس سے داد پاتے تھے۔ اسی کے قریب قریب یونان میں بھی دستور تھا۔ چنانچہ لکھا ہے۔کہ اس ملک کے مشہور مورخ ہیروڈوٹس نے اولمپیا کے اکھاڑے میں اپنی تاریخیں پڑھی تھیں۔ برہمنوں میں اب بھی یہ دستور ہے۔کہ جو پنڈت اور پنڈتوں پر اپنا فضل ظاہر کرنا چاہتا ہے

وہ سراد یا کسی اور ایسے موقع پر اپنا جوہر دکھاتا ہے۔اور سب سے زیادہ دان لے جاتا ہے +

تارا

تارا۔مندودری۔سیتا۔یہ تینوں ہمعصر ہوئی ہیں۔ اور ان کا حال راماین میں مذکور ہے۔یہ تینوں عالی خاندان اور ذی رتبہ تھیں۔مگر عمر میں تارا سب سے بڑی تھی۔اُس کے ماں باپ کا حال کچھ تحقیق نہیں مگر معلوم ہوتا ہے۔کہ وہ ملک تامل کے کسی راجا کی بیٹی تھی اور کرناٹک میں مہابلی پور کے راجا بالی سے اُس کی شادی ہوئی تھی۔راماین میں اُس کے حُسن اور لیاقت اور خوبیوں کی بڑی تعریف لکھی ہے۔راجا بالی اور رام چندر جی کی لڑائی کا حال جو راماین میں لکھا ہے۔اُس سے یہ نہیں معلوم ہوتا۔کہ بالی کے ہاں تارا کے سوا کوئی اور عورت بھی تھی۔جب راجا بالی اس لڑائی میں مارا گیا۔تو یہ اپنی سہیلیوں کے ساتھ اُس کی لاش پر آئی اور رو پیٹ کر اُس کا کریا کرم کیا۔بالی کی وفات کے بعد رام چندر جی نے اپنے وعدے کے موافق اُس کے بھائی سُگریو کو اُس جگہ راجا بنایا۔اور سگریو نے فقط اپنے بھائی کا تخت ہی نہیں پایا۔بلکہ موافق اُس دستور کے جو اب بھی اڈیسہ

میں جاری ہے -تارا کو اپنی بیوی بنایا-اس مختصر حال کے سوا اس عورت کا اور زیادہ حال معلوم نہیں +

مندودری

یہ بھی تامل کے کسی راجا کی بیٹی تھی اور اُس کا بیاہ لنکا کے راجا راون کے ساتھ ہُوا تھا-ایک شاعر اس کے حسن کی نہایت تعریف کرتا ہے- حسن و جمال کے علاوہ بہت سی لیاقتیں اور خوبیاں اُس میں ایسی پائی جاتی تھیں جن کا ہونا عاقل اور سنجیدہ آدمی اپنی بیبیوں میں دل سے چاہتے ہیں - یہ امر کہ راون کے ہاں کئی ہزار بیبیاں تھیں- پچھلے زمانے کی من گھڑت معلوم ہوتی ہے-کیونکہ ہندوستان کے شاعروں کا قاعدہ ہے-کہ جس بادشاہ کی عظمت اور شان ظاہر کرنی ہوتی ہے- تو پہلے اس کی بیبیوں کی کثرت بیان کرتے ہیں- اور اگر فرض کریں کہ راون کی بہت سی عورتیں تھیں-تو بھی اس میں کلام نہیں کہ مندودری سب میں ممتاز تھی- اور اُس کے بطن سے راون کے ہاں کئی بہادر بیٹے پیدا ہوئے تھے- جب راون نے سیتا کو جبر اور دغا سے لے جاکر آسوکھ بن میں قید کیا تھا-تو مندودری نے کئی بار اُس کی سفارش کی تھی- مگر راون نے ایک نہ سُنی- عورت کو عورت پر اکثر رحم آ جاتا ہے- اور

اس رسم کا آنا داخل انسانیت ہے +

شطرنج کا مشہور کھیل جو صدیوں سے چلا آتا ہے۔ اور دُنیا کے ہر شائستہ ملک میں اس کا رواج ہے۔ مندودری ہی کی عقل خدا داد کا ثمرہ ہے۔اس کھیل کے ایجاد ہونے کا سبب یہ بیان کرتے ہیں۔کہ راون کو جنگ اور خونریزی کا بڑا شوق تھا۔اس لئے مندودری نے اپنی طبیعت سے شطرنج کا کھیل نکالا کہ اُس کا خاوند اسی حیلے سے باز رہے۔اور شطرنج کے مہروں کی لڑائی سے اپنا دل بہلا کر خلق خدا کو تباہ نہ کرے۔ شطرنج کی ایجاد کا دعوے بہت سی قومیں کرتی ہیں مگر سر ولیم جونز صاحب اُس کا موجد ہندوؤں ہی کو بتاتے ہیں۔اور ہندو اُس کو مندودری سے منسوب کرتے ہیں۔سنسکرت میں اس کھیل کو چترنگ کہتے ہیں اور شطرنج اسی لفظ سے بگڑا ہوا معلوم ہوتا ہے۔بھوش پران اور رگھو نندن کی کتاب میں جس کا نام قواعد مذہب ہنود ہے۔اس کا ذکر آیا ہے۔چترنگ فوج کے چار حصّوں یعنی رتھ۔ہاتھی۔سوار اور پیادوں کو کہتے ہیں۔پہلے اس کھیل کے مہرے انھیں چار ناموں سے موسوم ہوتے تھے۔پیچھے رتھ کی جگہ کشتی مقرر ہوگئی چنانچہ ہندوؤں کے ہاں رُخ کو نوکا کہتے ہیں۔سر ولیم جونز صاحب کہتے ہیں۔کہ گھوڑوں اور ہاتھیوں اور پیادوں کے ساتھ کشتیوں کا ہونا بے میل سا معلوم ہوتا ہے۔مگر اصل یہ ہے کہ کشتیوں سے یہاں

بحری فوج مراد ہے۔ رتھوں کا کشتیوں سے بدلنا اس بات پر دلالت کرتا ہے۔ کہ پچھلے زمانے میں ہندوؤں کے ہاں حفاظت ملک کے لئے فوج بحری کا رکھنا بھی ضروری ہوگیا تھا۔ اسی قسم کا ایک کھیل بنگالی عورتوں میں "مغل۔پٹھان" کے نام سے کھیلا جاتا ہے۔ غالباً یہ کھیل بنگالہ میں اُس وقت ایجاد ہوُا ہے۔ جب مغلوں نے پٹھانوں پر فتح پا کر یہ ملک اُن سے چھین لیا تھا۔ مندودری اپنے خاوند اور بیٹوں کے مرنے کے بعد اپنے دیور بھبھی شن کی حمایت میں رہی۔کیونکہ رامچندر نے بصلۂ حبر خواہی راون کے مرنے کے بعد اُس کا ملک اُس کے بھائی بھبھی شن کو دے دیا تھا +

سیتا

ہندوؤں کے ہاں جو شہرت رام چندر جی کی بی بی سیتا نے پائی ہے۔ وہ کسی اور عورت کو نصیب نہیں ہوئی۔طرح طرح کی مصیبتوں کا جھیلنا۔ عجب عجب قسم کے سانحوں کا دیکھنا۔ خاندانی اور ذاتی شرافت۔حسن خدا داد کی لطافت اور خصائل کی خوبی یہ ساری باتیں ایسی ہیں۔کہ ان کے سبب ہر فرقہ اور ہر قوم کے ہندو اُس کے نام کو محبت سے یاد کرتے ہیں۔جو لوگ

رام کو وشن کا اوتار مانتے ہیں۔ وہ سیتا کی ویسی ہی تعظیم کرتے ہیں۔ جیسی رومن کیتھولک عیسائی حضرت مریم کی۔ سیتا کے باپ کا نام جنک تھا اور وہ متھلا دیس کا جس کو حال میں ترہٹ کہتے ہیں۔ فرمانروا تھا۔ اس لڑکی کے سوا اُس کے ہاں اور اولاد نہ تھی۔ اسلئے بڑی محبت اور ناز و نعمت سے اُسے پالا تھا۔ حسن و جمال میں اس عورت کا اس وقت کوئی نظیر نہ تھا۔ اور خصائل برگزیدہ اور صفات حمیدہ نے اور بھی اُس کو چمکا رکھا تھا۔ انگلستان کے ایک شاعر کا قول ہے۔ کہ بہادر مرد کے سوا حسین عورت کا کوئی مستحق نہیں۔ بموجب اس قول کے اُس کے باپ نے یہ عہد کر لیا تھا۔ کہ جو کوئی ایک کڑی اور بھاری کمان کو جو اُس کے ہاں رکھی ہوئی تھی کھینچ لیگا وہی سیتا کو پائیگا۔ اُس زمانے میں بہادری ہی بڑی لیاقت سمجھی جاتی تھی۔ اور تمام سردار اور چھتری اور راجا اپنی بیٹیاں اُنھیں لوگوں کو دیتے تھے جو لڑائی کے کرتبوں میں سبقت لے جاتے تھے۔ یہ کمان کوئی معمولی کمان نہ تھی۔ بلکہ بڑی بھاری اور ایسی کڑی تھی۔ کہ اس کا کھینچنا دشوار تھا۔ ایرین لکھتا ہے کہ ہند کے لوگ کمانوں کو پاؤں سے کھینچتے ہیں اور اُن کا تیر چھ فٹ لمبا ہوتا ہے۔ ایسی کمان اب بھی ہندوستان کی بعض پہاڑی قوموں میں پائی جاتی ہے۔ پس راجا جنک کے ہاں ایسی کمان کا ہونا

کچھ تعجبات سے نہ تھا۔ جب سیتا کے حسن و جمال کا
اور اس کے باپ کے عہد کا شہرہ تمام آریا ورت میں
پھیل گیا۔ تو دُور اور نزدیک کے بہت سے راجا جنک
دربار میں آنے لگے۔ اس وقت رام چندر جی کی جوانی
کا آغاز تھا۔ اور فن تیر اندازی میں اُنہوں نے بڑا کمال
پیدا کیا تھا۔ کوئی راجا رام چندر جی کے سوا اُس کمان
کو نہ کھینچ سکا۔ اور اُنہوں نے اُس کو فقط کھینچا ہی
نہیں بلکہ دو ٹکڑے بھی کر دیئے۔ اُن کی یہ شہزوری
دیکھ کر سیتا کے باپ نے اُس کی شادی اُن سے کر
دی۔ اور یہ اُس کو لے کر اُجدھیا میں جو ان کے
باپ کا دارالحکومت تھا چلے آئے۔ یہاں رہتے ہوئے
اُنہیں تھوڑے ہی دن گزرے تھے۔ کہ اُن کے باپ
راجا جسرتھ نے اپنی ایک چاہیتی بی بی کے بہکانے سے
رام چندر کو ۱۴ برس کا بن باس دیا۔ اور وہ سیتا اور
اپنے بھائی لچھمن کو لے کر وہاں سے روانہ ہوگئے۔
اور الہ آباد سے ہوتے ہوئے چترکوٹ پہاڑ پر پہنچے۔
اور کئی برس تک اِدھر اُدھر پھر کر آخر پنچوٹی پر
جو گوداوری کے منبع کے قریب ہے قیام کیا۔ کہ جلاوطنی
کے باقی دن وہیں گزاریں۔ ان کے جانے کے بعد راجا
جسرتھ کو اس قدر پشیمانی اور رنج ہوا کہ وہ جانبر نہ ہوسکا
اُس کی وفات کے بعد رامچندر جی کو لینے کے لئے بھرت
اُن کے پاس گیا۔ مگر اُنہوں نے تا انقضائے میعاد جلا
وطنی واپس آنے اور تخت کے قبول کرنے سے انکار

گیا۔ حاصل یہ کہ رام چندر جی مع اپنی بی بی اور بھائی کے پنچوٹی میں رہتے۔ اور جنگل کے پھل پھلاری اور شکار سے اپنی گزر اوقات کرتے تھے۔ اس عالم جلاوطنی میں جس خاطر اور تشفی کے ساتھ رام اور لچھمن سیتا کے ساتھ پیش آتے تھے۔ اور جس محبّت سے اس کی خبر گیری کرتے تھے اُس سے ثابت ہوتا ہے۔ کہ ہندو اپنی عورتوں سے بہت اُنس رکھتے ہیں۔ رام اور لچھمن۔ سیتا کو کبھی اکیلا نہ چھوڑتے تھے۔ اور باری باری سے شکار کو جاتے تھے۔ ایک روز جس طرف رام چندر شکار کو گئے تھے۔ اس طرف سے کچھ رونے کی آواز آئی۔ لچھمن یہ آواز سُن کر سیتا کے پاس نہ ٹھیر سکے۔ اُن کا یہاں سے جانا تھا۔ کہ لنکا کا راجا راون میدان خالی پاکر سیتا کو زبردستی اپنے ساتھ لے گیا۔ لنکا میں لے جا کر ہر چند اُس نے نفسانیت کی راہ سے بہتیرے جال ڈالے بلکہ سیتا کو قید بھی کیا۔ مگر سیتا کی عصمت اور پاک دامنی کے آگے اُس کی ایک پیش نہ گئی۔ رام چندر جی نے جب واپس آ کر سیتا کو گھر میں نہ پایا۔ نہایت مضطرب ہوئے اور جنگل میں جا بجا اُس کی تلاش کرنے لگے۔ آخر کو جب اُس کا پتا مل گیا۔ تو کرناٹک کے راجا بالی کے بھائی سُگریو سے مل کر اُس کو قید سے نکالنے اور راون سے لڑنے کی تیاریاں شروع کیں۔ لڑنے سے پہلے سُگریو کے وزیر اعظم اور اس کی فوج کے سپہ سالار ہنومان کو ایلچی بنا کر

راون کے سمجھانے کو بھیجا۔ مگر راون نے اُس کی باتوں کا کچھ خیال نہ کیا۔ اس لئے وہ سیتا کو تشفی دے کر واپس آگیا اور رام چندر جی اس کے ساتھ سیت بند کو عبور کر کے لنکا پر چڑھ گئے۔ جو معرکہ آرائیاں اور خونریزیاں اس موقع پر ہوئیں اس کے بیان میں ہند کے شاعر بالمیک نے ہومر سے کچھ کم زور نہیں دکھایا۔ آخر رام اور راون کا مقابلہ ہوا اور رام نے راون کو مار لیا۔ راون کے ہلاک ہونے کے بعد رام چندر جی سیتا کو قید سے چھڑا کر وطن کی طرف پھرے۔ اور پھرنے سے پہلے سیتا کو ثبوت عصمت کے لئے آگ میں گذرنا پڑا۔ اُس زمانے میں دستور تھا کہ جس عورت پر زنا کا الزام لگایا جاتا تھا۔ اُس کو اپنی عصمت ثابت کرنے کے لئے جلتے کوئلوں اور لوہے کے لال توؤں پر ننگے پاؤں چلنا پڑتا تھا۔ اگر عورت کو اس آزمائش میں کچھ ایذا نہ پہنچتی۔ تو وہ بے گناہ سمجھی جاتی تھی۔ ورنہ آگ میں جل کر اپنی بدکرداری کی سزا پاتی تھی۔ سیتا کی آزمائش کے بعد سب اجودھیا کو واپس آ گئے۔ اب رام چندر جی اپنی بی بی کے ساتھ بڑی خوشی سے زندگی بسر کرنے لگے۔ اور وہ جس قدر اپنے حسن و جمال سے اُن کو اپنی طرف کھینچتی تھی۔ اُسی قدر اپنی فرمانبرداری اور نیک مزاجی سے اُن کے دل میں محبت کا بیج بوتی تھی۔ اُن دونو کی محبت کا حال جو بالمیک شاعر نے اور اَور شاعروں نے لکھا ہے۔ وہ نری شاعری نہیں ہے۔ بلکہ اعلےٰ درجے کی سچی محبت کی ایک مثال ہے۔ خاوند

بی بی میں جو محبت تھی اُس کی زیادتی کا اور سامان ہوا۔ یعنی حمل کے آثار نمودار ہوئے۔ ہندوؤں کے ہاں قاعدہ ہے کہ جب عورت حمل سے ہوتی ہے۔ تو گھر کی ساری عورتیں اور مرد اُس کی بڑی حفاظت کرتے ہیں۔ اسی دستور کے موافق رام چندر جی کی سب مائیں اور اُن کے بہن بھائی سیتا کی خبر گیری کرنے لگے۔ رامچندر جی نے بھی کئی بار اُس کے پاس جاکر دلجوئی اور اظہار خوشی سے اُسے خوش کیا۔ اُس کا دل بہلانے کے واسطے اکثر اوقات اُسے راگ سُنائے جاتے تھے اور عمدہ عمدہ تصویریں دکھائی جاتی تھیں۔ اسی اثناء میں چترک پور کے پہاڑوں پر سرنگ رشی نے ایک مرتبہ جگ کیا۔ اور خاندان شاہی کے تمام مرد اور عورتوں کو بلایا۔ سب لوگ اُس جگ میں جاکر شامل ہوئے۔ مگر رام چندر جی بی بی کی تنہائی کے سبب اُسی کے پاس رہے۔ گھر کے لوگ تو اس خوشی اور اُس کی تیاریوں میں لگ رہے تھے۔ کہ انقلاب روزگار نے کچھ اور ہی رنگ دکھایا اور ساری خوشیاں رنج و الم سے بدل گئیں۔ یعنی گھر والے تو لڑکا پیدا ہونے کی اُمید میں تھے۔ اور باہر کے لوگ اور عوام الناس اس حمل کی نسبت کچھ اور ہی گمان کرتے تھے اور سب سیتا کے راون پاس رہنے کی نسبت طرح طرح کے خیالات اور اپنے گھروں میں اس کے چرچے کرتے تھے۔ اس طرح کی باتوں نے رامچندر جی کو ایسا آزردہ کیا۔ کہ

انہیں ناچار سیتا کو نکالنا پڑا۔ اور غرض اس سے یہ تھی کہ لوگ بُرائی کو بُرائی سمجھیں۔ اس وقت اس بے کس شکستہ خاطر کو لچھمن جنگل میں جہاں بالمیک کی منڈھی تھی چھوڑ آئے۔ چنانچہ سیتا اُسی کے پاس رہا کی۔ اور وہیں لو اور کش توام دو لڑکے اس کے ہاں پیدا ہوئے۔ بارہ برس تک سیتا اِس تنہائی اور مصیبت کے عالم میں رہی اور بالمیک اُس کے لڑکوں کی پرورش کرتا رہا۔ جس وقت رامچندر جی نے اسومیدھ جگ کیا۔ تو یہ لڑکے بھی بالمیک کے ساتھ اُجدھیا کو گئے۔ اگرچہ اُن کے کپڑے غریب برہمنوں کے سے تھے۔ مگر اُن کی صورت اور وضع سے امارت ٹپکتی تھی۔ چنانچہ اُسی وقت اُن کے حسب و نسب کا حال سب پر کھل گیا۔ اور بالمیک نے اُس مجلس میں سیتا کی سفارش کر کے تمام تہمتوں کو جو اُس کی عصمت پر لگائی گئی تھیں رفع کیا۔ تب تمام راجاؤں اور سرداروں نے متفق اللفظ یہی کہا کہ سیتا ستونتی ہے۔ اور اُس کا بلا لینا مناسب ہے۔ مگر ان سرداروں اور راجاؤں کے سوا جو اور لوگ مجلس میں تھے۔ اُنہوں نے کچھ نہ کہا اور آنکھیں نیچی کر کے چپ ہو رہے۔ اس سبب سے رام چندر جی کو تامل ہُوا۔ اور بغیر رضامندی رعایا کے سیتا کا دوبارہ گھر میں بلانا مناسب نہ سمجھا۔ اس پر بالمیک نے کہا کہ اگر اس کی نسبت کچھ شک ہے۔ تو پھر اُس کی آزمائش ہو سکتی ہے۔ سیتا جو مدت سے

تکلیفیں اور مصیبتیں اُٹھاتے اُٹھاتے نہایت نحیف اور کمزور ہوگئی تھی۔ یہ امر اُس کو نہایت شاق گزرا اور شرم اور غصہ اُس پر ایسا چھایا کہ سننے کے ساتھ ہی غش کھا کر گر پڑی۔ ہر چند اُس کو ہوش میں لانے کی تدبیریں کی گئیں۔ مگر کوئی تدبیر سودمند نہ ہوئی۔ اور تھوڑی ہی دیر میں اُس کی جان نکل گئی۔ رام چندر جی کو اُس کے مرنے کا ایسا قلق ہُوا۔ کہ اُنھوں نے اُس غم میں اپنے تئیں دریائے سرجو کے حوالے کیا۔

کلکتے کا نہایت مشہور اور فاضل پنڈت ایشور چند بدیا ساگر اپنی کتاب سیتا بن باس میں لکھتا ہے۔ کہ جیسی عالی خاندان اور تربیت یافتہ اور نیک عورت سیتا ہوئی ہے اور جیسے استقلال اور صبر کے ساتھ اُس نے مصیبتیں جھیلی ہیں اور خاوند کی اطاعت اور فرمانبرداری میں اپنی جان دی ہے۔ ویسی عورتوں کی نظیر کسی تاریخ میں نہیں پائی جاتی۔ ایک مؤرخ اس حال کو یوں قلمبند کرتا ہے۔

سیتا متھلا دیش کے راجہ جنک کی لڑکی تھی۔ جب شادی کے قابل ہوئی۔ تو یہ شرط قرار پائی کہ جو راجہ جنک کی کمان کھینچ سکیگا وہ اُس کا خاوند ہوگا۔ اس شرط کو سُن کر کتنے ہی راجہ اور شہزادے آئے اور ناکام واپس گئے۔ ایک روز بشسٹ منی کے ساتھ دو خوبصورت اور شاندار لڑکے آئے۔ اُن میں سے ایک لڑکے

نے وہ کمان کھینچا کیسا اس کو اپنی طاقت سے توڑ ڈالا۔ یہ دیکھ کر سب دنگ رہ گئے۔ پھر دریافت سے معلوم ہوا کہ یہ لڑکا اُجدھیا کے راجہ جسرتھ کا بیٹا اور رامچند نامی ہے۔ پھر تو خوشی کا کچھ ٹھکانا نہ تھا۔ راجہ جنک نے فخر کے ساتھ شادی منظور کر لی۔ اور راجہ جسرتھ کو اطلاع دی گئی کہ تاریخ مقررہ پر برات آئے۔ آخرکار بڑی دھوم دھام سے شادی ہوئی۔ سیتا نے قابل فخر خاوند اور رام چندر قابل قدر بی بی پائی۔ شادی کے بعد تمام جلوس اُجدھیا میں پہنچا یہاں کا حال سننے کے لائق ہے +

راجہ جسرتھ کی تین رانیاں تھیں اور اُن کے بطن سے چار بیٹے تھے +

سب سے بڑے رام چندر کوشلیا کے بطن سے تھے +

دوسری رانی کیکئی تھی جس سے راجہ جسرتھ نے کبھی یہ قول کر لیا تھا۔ کہ بس تمہاری دو باتیں جو تم کہوگی ضرور مان لونگا +

جب راجہ جسرتھ بوڑھے ہوئے۔ تو رام چندر کو نائب السلطنت بنانا چاہا +

اس حال کو سُن کر کمبخت کیکئی حسد سے جل گئی اور اپنی ایک سہیلی کی صلاح کے موافق کپڑے پھاڑ اور رنجیدہ صورت بنا بیٹھ رہی۔ جب راجہ جسرتھ آئے اور یہ حال دیکھا۔ تو سبب دریافت کیا۔ رانی نے جواب دیا۔ کہ اے راجہ! جب میں نے آپ کی جان بچائی تھی۔ تو

آپ نے اقرار کیا تھا - کہ میری دو باتیں جو میں کہوں منظور کر لیجئے - اب میں یہ کہتی ہوں - کہ رام چندر کے بدلے میرے لڑکے بھرت کو راج ملے - دوسری بات یہ کہ رام چندر کو چودہ برس جنگل میں رہنے کا حکم دیا جائے - راجہ جسرتھ یہ باتیں سن کر حیرت زدہ ہو گئے اور مغموم صورت سے باہر آئے - یہ حال نیک دل فرزند رام چندر نے سنا تو حاضر ہوکر عرض کی کہ میں ہر طرح آپ کے قول کو پورا کرنے کو حاضر ہوں - اور اپنی ماں کوشلیا سے کہا - کہ مجھ کو بن باس کی اجازت دیجئے اگر زندگی ہے تو چودہ برس میں واپس آ جاؤنگا اس عرصہ میں بھائی بھرت کو راج کرنا مبارک ہو - کون کہہ سکتا ہے - کہ ایسے فرزند کے اتنے بڑے خیال کو اس کی ماں نے کس دل سے سنا ہوگا اور اُس وقت اُس کے غم کا کون اندازہ کر سکتا ہے - مگر لائق فرزند کے ہاتھ جوڑنے پر خیال کرکے اُس نے کہا کہ اچھا بیٹا جاؤ - خدا تمہارا نگہبان ہو - پھر رام چندر اپنی بی بی سیتا کے پاس گئے اور اُس سے رخصت ہونا چاہا - مگر اُس نے اپنے خاوند کی جدائی گوارا نہ کی اور وہ سائے کی طرح رام چندر کے ساتھ ہولی +

رام چندر کا چھوٹا بھائی لچھمن بھی ساتھ چلنے کو تیار ہوگیا - اور آخر کار یہ تینوں باہر نکلے - چند روز گئے بعد اس غم سے راجہ جسرتھ کا انتقال ہو گیا -

تیسرے بیٹے بھرت نے کریا کرم کیا۔ لیکن سلطنت کرنے سے انکار کر کے اپنے بھائیوں کی تلاش میں نکل کھڑا ہوا۔ اور جنگل میں رام چندر کو جا لیا اور عرض کی کہ آپ چل کر سلطنت کریں۔ لیکن رام چند نے چودہ برس پورے ہونے اور اپنے باپ کے قول کو پورا کرنے تک اُس سے انکار کیا اور کہا کہ تم جا کر شوق سے کام دیکھو۔ جب میری خدمت پوری ہو جائیگی میں آ جاؤنگا۔ اس طور پر بھرت واپس آ گیا۔ اور رام چندر مع لچھمن اور سیتا کے جنگلوں اور پہاڑوں میں پھرتے پھرتے بندھیا چل کے قریب ایک مقام پر ٹھہر رہے۔ اس مقام کا نام کنجرا لکھا ہے۔ یہاں مردم خوار راکھشش رہتے تھے جو آدمی کو کھا جاتے تھے۔ اتفاق سے سروپنکھا نام ایک راکھششنی جو راجہ راون کی بہن تھی رام چندر کو دیکھ کر ان پر فریفتہ ہوگئی۔ مگر رام چندر نے اُس کو دھتکار دیا۔ تب اُس نے بر افروختہ ہوکر اپنے بھائی راون سے طرح طرح کی باتیں بنائیں اور راون کو سیتا کے اُڑا لینے پر آمادہ کیا۔ چنانچہ ایک روز راون فقیر کا بھیس بدل کر رام چند کے مسکن پر آیا۔ یہ دونو بھائی اس وقت شکار کو گئے ہوئے تھے۔ راون نے یہ موقع غنیمت سمجھا اور سیتا کو زبردستی اپنے کاندھوں پر بٹھا کر چلتا بنا۔ جب رام اور لچھمن آئے تو سیتا کو اپنی جگہ پر نہ پایا۔ اور اس کی تلاش کرنے لگے۔ آخر کار راون کی عیاری معلوم ہوئی۔ تب وہ دونو سیتا کی رہائی

پر آمادہ ہوئے اور جنوبی ہندوستان کے راجہ سگریو سے مدد چاہی - اور راجہ سگریو کے سپہ سالار ہنومان کو جاسوس بنا کر لنکا بھیجا - تاکہ سیتا کی صحیح خبر معلوم ہو جائے ہنومان نے لنکا جاکر پوشیدہ طور سے سیتا کا حال دریافت کرلیا - اور رام اور لچھمن کی سلامتی کا مژدہ پہنچایا - ازاں بعد سگریو - ہنومان - رام اور لچھمن سب کے سب فوج لے کر لنکا جا پہنچے بڑے کشت و خون کے بعد راون مارا گیا اور سیتا کو قید سے چھڑا کر کامیابی سے واپس آئے - اس عرصے میں چودہ برس کا زمانہ پورا ہوگیا اور رام چندر مع لچھمن اور سیتا کے اپنی راج دھانی کو واپس آئے - اور اپنا راج سنبھالا - اور اس زمانے کی رسم کے موافق سیتا کو آگ میں تپایا گیا تاکہ اُس کی پاک دامنی کا ثبوت ہو - اور آگ نے اُس کو نہ جلایا - لیکن بعض حاسد عورتوں اور نالائق شخصوں نے جو ہمیشہ دوسرے کی نکتہ چینی اور عیب جوئی پر تیار رہتے - اُس شریف بے گناہ اور واجب التعظیم سیتا کو کم از کم بدنامی کے الزام سے محفوظ نہ رہنے دیا +

تب رامچندر شرم سے متاثر ہوکر سیتا کو اپنے محل سے دور چھوڑ دئے جانے پر مجبور ہوئے - اور سیتا کو محل سے نکال کر ایک فقیر کی منڈھی میں چھوڑ دیا گیا - جہاں اُس کا وضع حمل ہوُا اور لَو اور کش دو خوبصورت لڑکے پیدا ہوئے جن سے شاہی اوصاف ظاہر ہوتے تھے - اور معصوم سیتا اپنی بے گناہی پر بھروسہ کرکے پھر رام چندر کے محل

ہیں آنے کا انتظار کرتے کرتے مرگئی - ہر چند اُس وقت کے چند لوگوں نے اُس بے گناہ کے ساتھ ایسا سخت ظلم کیا جس سے اُس کو رام چند کی مفارقت اور بادشاہی سے فقیری نصیب ہوئی لیکن وہ اپنی پاک دامنی اور اپنے لاثانی اوصاف سے رامچندر کے برابر یاد کی جاتی ہے۔ اور تمام قوم رام کے نام کے ساتھ سیتا کا نام لینا ذریعہ فخر و نجات خیال کرتی ہے +

سکنتلا

ہندوستان میں وہ مشہور عورت ہوئی ہے - جس کے حالات سے ہندوستان کے نامی شاعر کالیداس نے اپنے ایک ناٹک کو زینت دی ہے - سکنتلا ایک رشی کنوا کی بیٹی تھی - یہ رشی ہردوار کے قریب ایک چھوٹی ندی مالنی کے کنارے ایک مقام میں جہاں بالکل تنہائی کا عالم تھا - بود و باش رکھتا تھا - اُس کی منڈھی کے گرد سرو اور صنوبر اور قسم قسم کے خود رو پھولوں کے درخت تھے - جرنیل اننگھم صاحب نے بھی جو قدیم عمارتیں وغیرہ کی تحقیق کرتے پھرتے ہیں - اس مقام کو دیکھا ہے۔ اور جیسی تعریف کالیداس شاعر نے اس مقام کی کی ہے - اُسی قبیل کی وہ بھی تعریف کرتے ہیں - چنانچہ لکھتے ہیں - کہ جب تک کنول پانی پر تیرتا ہے - اور

چکوا اپنی چکوی کو اپنی طرف کے کنارے پر بلاتا ہے۔ تب تک مالنی کا نام کالیداس کی نظم میں بر قرار رہیگا۔ کنوا کی اولاد بہی ایک بیٹی تھی۔ اس لئے بڑی ناز و نعمت سے اُس نے اُسے پالا تھا۔ اور جو باتیں علم اور اخلاق کی عورتوں کو سکھانی چاہئیں۔ وہ سب اسے تعلیم کی تھیں۔ جانوروں کی خبر لینا اور پودوں کو پانی دینا اس لڑکی کا مشغلہ تھا۔ جب وہ جوان ہوگی تو اتفاق سے ایک روز راجا ڈشینت شکار کرتا ہُوا ادھر کو آ نکلا۔ کنوا اُس وقت منڈھی میں نہ تھا۔ دستور کے موافق سکنتلا نے اُس کا استقبال کیا۔ نظروں کا چار ہونا تھا۔ کہ عشق کا تیر دونو کے جگر کے پار ہوگیا۔ اُسی وقت راجا نے اپنا حسب و نسب اُسے بتاکر اُس کے ساتھ گندھرب بیاہ کر لیا۔ یہ بھی ایک قسم ازدواج کی ہے۔ اور اس میں عقد فقط طرفین کی رضامندی سے ہو جاتا ہے۔ اور کسی رسم اور آئین کو اُس میں دخل نہیں۔ اس طرح کی شادی اگلے زمانے میں کوہ ہمالہ کے قریب ایک پہاڑی قوم گندھرب میں رائج تھی۔ منّو نے بھی شادیوں کے اقسام میں اس کا ذکر لکھا ہے۔ مگر اس کو پسند نہیں کیا بیاہ کے بعد راجا دو چار دن وہاں رہا۔ اور پھر اپنے دارالخلافہ کو روانہ ہُوا۔ چلتے وقت سکنتلا کو انگوٹھی دے کر کہ گیا۔ کہ چند روز میں میں تجھ کو اپنے پاس بلا لونگا۔ تھوڑے عرصے کے بعد جب سکنتلا کو

حمل کے آثار نمودار ہوئے۔ تو اپنے خاوند کی طرف ہستناپور
کو روانہ ہوئی۔ مگر راستے میں جو اُسے ایک تالاب میں
نہانے کا اتفاق ہوُا۔ تو وہ انگوٹھی اس کے ہاتھ سے
اُس میں گر پڑی۔ جب یہ اپنے خاوند کے پاس پہنچی۔
اور اُس نے اپنی نشانی نہ دیکھی۔ تو اس بات کو نہ مانا۔
اور جنگل میں جو قول و قرار کئے تھے سب دل سے
بھلا دیئے۔ یہاں ناظرین کو ایک بات جتانی ضرور ہے۔
ایک زمانے میں ہندوؤں کے ہاں دستور تھا۔ کہ سردار
کو مہارشی کہتے تھے۔ اور حکومت اور ارشاد دونو کی باگ
اُسی کے ہاتھ میں ہوتی تھی۔ پچھلے زمانے میں راجاؤں
نے لڑنے اور ملک گیری کا کام تو اپنے ہاتھ میں رکھا۔
اور پوجا پاٹھ اور رہنمائی کا کام برہمنوں کے حوالے کر دیا
تھا۔ اُس زمانے میں جب برہمن چھتریوں کا ہاتھ تکنے
لگے۔ تو چھتریوں کے دل سے اُن کی وہ قدر و منزلت
جاتی رہی۔ بلکہ اُن سے رشتہ کرنا بھی بے عزتی سمجھنے
لگے۔ معلوم ہوتا ہے۔ کہ دشینت بھی ایسے ہی زمانے
میں گزرا ہے۔ سکنتلا کو جب اُس نے ایک غریب برہمن
کی بیٹی دیکھا۔ تو اُس کو اپنے گھر میں رکھنا عار سمجھا۔
غرض جب سکنتلا کو راجا نے قبول نہ کیا۔ تو اُس کی ماں
آکر اُسے اپنے ساتھ جنگل کو لے گئی۔ یہاں پہنچ کر
سکنتلا کے ایک لڑکا پیدا ہوُا۔ اور اُس نے بھرت
اُس کا نام رکھا۔ اس لڑکے کی جرأت کا یہ حال لکھا
ہے۔ کہ وہ جنگل میں شیرنی سے ذرا نہ ڈرتا تھا۔ اور

اس کے سامنے اُس کے بچوں سے کھیلا کرتا تھا۔ آخر جب وہ انگوٹھی جو سکنتلا کے ہاتھ سے گر پڑی تھی۔ کسی طرح راجہ کے پاس پہنچ گئی۔ اور بھرت کی جوانمردی اور بہادری کا شہرہ بھی اُس نے سُنا۔ تو تفتیش حال کے لئے جنگل میں آیا۔ اور اُس کو اپنا بیٹا مان کر سکنتلا کو اپنے ہمراہ لے گیا۔ اور اپنی پٹ رانی بنایا۔ بھرت بڑا بہادر اور جنگجو ہُوا۔ اور ہندوستان کے بہت سے علاقے اُس نے فتح کئے۔ چنانچہ یہ ملک اسی کے نام سے بھارت ورش کہلاتا ہے +

کُنتی

کنتی کا نام ہندوؤں کی تاریخ میں ایسا ہی مشہور ہے۔ جیسا اہل روما کی تاریخ میں کورنیلیا کا۔ اس کے والدین کا حال صحیح صحیح معلوم نہیں۔ مہابھارت میں لکھا ہے۔ کہ وہ سور سینی یعنی متھرا کے راجا سور کی بیٹی اور کرشن کے باپ بسدیو کی بہن تھی۔ یہ بھی لکھا ہے کہ راجا سور اور بندھیاچل پہاڑ کے ایک راجا کنتی بھوج میں بڑی دوستی تھی۔ اور چونکہ کنتی بھوج کے ہاں کچھ اولاد نہ تھی۔ اس واسطے اس نے سور کی بیٹی کنتی کو کہ ہنوز شیر خوار تھی۔ اُس کے باپ سے لے کر متبنےٰ کر لیا تھا۔ یہ روایت بے اصل معلوم

ہوتی ہے اور مہابھارت میں اس کے درج ہونے کی شاید یہ وجہ ہے کہ مصنف کو مالوے کے راجا کا سراہنا اور اس کے خاندان کی قدامت جتانی منظور تھی۔ اس کے سوا ہندوستان میں اکثر لڑکوں کو متبنٰے کرتے ہیں نہ لڑکیوں کو۔ اور قدیم راجاؤں کے شجرہ میں بھوج کسی راجا کا نام نہیں ہے +

منو کے دھرم شاستر میں متھرا کی سلطنت کو اُن چھ بڑی سلطنتوں میں شمار کیا ہے۔ جو گنگا کے نواح میں واقع تھیں۔ اس لئے پانڈو جیسے راجا کا جو کہ ہستناپور کا فرمانروا اور چندر بنسی خاندان میں آفتاب تھا۔ متھرا کے کسی راجا کی بیٹی سے شادی کرنا زیادہ قرین قیاس معلوم ہوتا ہے۔ اور یہ خیال میں نہیں آتا۔ کہ ایسے عالی مرتبہ اور والا دودمان راجہ نے بندھیاچل پہاڑ کے کسی راجہ کی بیٹی سے جاکر رشتہ کیا ہو۔ خیر کچھ ہی ہو راجا پانڈو کے ہاں کنتی سے یودھشٹر اور بھیم اور ارجن بیٹے اور دوسری بی بی مادری سے دو بیٹے نکل اور سہدیو پیدا ہوئے۔ ان پانچوں کو ہند کی تاریخ میں پانڈو کہتے ہیں۔ پانڈو بڑا زبردست راجا تھا۔ کئی برس تک اُس نے بڑی شان و شوکت کے ساتھ حکومت کی۔ اور بہت سے ملک فتح کئے لیکن انجام کار راج پاٹ چھوڑ کوہ ہمالہ کو چلا گیا۔ کہ باقی عمر بیویوں اور بچوں کے ساتھ وہاں گوشہ عافیت اور عالم تنہائی میں بسر کرے اور پہاڑ کی سیر سے اپنا دل بہلائے۔ جب پانڈو نے انتقال کیا۔ تو کنتی پانچوں لڑکوں کو لے کر ہستناپور میں اُن کے چچا راجہ دھرت راشٹ

کے پاس چلی آئی۔ راجا دھرت راشٹ بڑی خاطر کے ساتھ اُس سے پیش آیا۔ محل میں اپنی بی بی گندھاری کے پاس اُسے رہنے کو جگہ دی اور اس کے بچوں کو اپنے بچوں کورو کی طرح پرورش کرنے لگا۔ اور سب کو تعلیم کے لئے درونا چارج اُستاد کامل ملا تھا۔ مگر ماں کی تعلیم بھی اُن کے حق میں اُستاد کی تعلیم سے کچھ کم مفید نہیں ہوئی۔ جب پانڈو اوّل مرتبہ جلا وطن ہوگئے۔ تو کنتی اُن کے ساتھ جنگلوں اور بنوں میں پھرتی رہی بنوں سے نکلنے کے بعد سب کے ساتھ ورن وٹ یعنی الہ آباد میں پہنچی۔ یہاں اُن کے دشمنوں نے اُن کے مارنے کی ایسی تدبیر کی تھی۔ کہ سب جل کر راکھ کا ڈھیر ہو جاتے۔ مگر اُن کا بال بھی بیکا نہ ہُوا۔ اور وہاں سے محفوظ نکل کر شہر آرہ میں پہنچے۔ اور کچھ دنوں تک ایک برہمن کے مکان میں چھپے رہے۔ ایک دن اُنہوں نے اس گھر میں آہ و نالے کا شور سُنا۔ اور دیکھا کہ غم سے برہمن اور اُس کے گھر والوں کا عجب حال ہو رہا ہے۔ جب اس کا سبب اُن سے دریافت کیا۔ تو اُنھوں نے کہا کہ اس شہر کے قریب ہاک نام ایک اسُر یعنی دیو رہتا ہے۔ اُس کا معمول ہے۔ کہ ہر روز ایک آدمی کو کھا کر اپنا پیٹ بھرتا ہے اور نوبت بنوبت اس شہر سے ایک آدمی اور کچھ اور کھانے پینے کا سامان اس کے پاس بھیجا جاتا ہے۔ آج اس کی معمولی خوراک اور آدمی کا بھیجنا ہمارے ذمہ ہے۔ اس

پر کنتی نے اُس سے کہا کہ تم کچھ غم نہ کرو۔ میں اپنے ایک بیٹے کو بھیج دونگی۔ کہ وہ اُس آدم خور کو مار آئیگا چنانچہ بھیم اس کام کے لئے متعین ہؤا۔ اور بڑ کے درخت تلے جہاں وہ آسُر آدمی کو کھا کر اپنا پیٹ بھرتا تھا جا بیٹھا۔ جس وقت وہ دیو آیا۔ اور چاہا۔ کہ اسُ کا ایک لقمہ کرکے نگل جائے۔ یہ اس کے مقابل ہوگیا۔ اور بڑی دیر تک دونو میں سخت لڑائی ہوتی رہی۔ آخر بھیم اُس پر غالب آیا اور اس کا کام تمام کر دیا۔ یہ روایت اگرچہ کہانی سی معلوم ہوتی ہے۔ مگر اگلے وقتوں میں ایسے خیالات کا پتنا ملتا ہے +

الغرض آرے سے نکل کر پانڈو پنچال کے دارالسلطنت کمپلا کی طرف اس غرض سے روانہ ہوئے کہ وہاں کے راجا کی بیٹی دروپدی کے سوئمبر میں شامل ہوں اور اپنی ماں کو اپنے پروہت کے گھر میں چھوڑ گئے۔ جب دروپدی سوئمبر میں اُن کے ہاتھ آ گئی۔ تو پانچوں بھائی مع اپنی ماں کے چند روز کمپلا میں رہے۔ اس کے بعد راجہ دھرت راشٹر نے ہستنا پور میں انہیں بلوا لیا جب پانڈو دوسری دفعہ جلا وطن ہوئے تو کنتی اُسوقت بہت ضعیف ہوگئی تھی۔ اور جنگل جنگل ان کے ساتھ پھرنے کی اسمیں طاقت نہ رہی تھی اس لئے وہ اس کو اپنے چچا ودر کے پاس چھوڑ گئے۔ اس جلا وطنی کی شرائط پورا ہونے کے بعد پانڈو نے کرشن کو کورو کے پاس بھیجا کہ صلح اور آشتی سے اُن کا راج ان کو مل

جائے۔ جب کرشن ہستنا پور میں پہنچے۔ تو اپنی پھوپھی کنتی کو نہایت حیران اور پریشان پایا۔ اُنہوں نے اس کی تشفی کی اور کہا کہ تھوڑے دن اور صبر کرو۔ پانڈو کا راج عنقریب اُن کو مل جاتا ہے۔ اس وقت جو پیغام کنتی نے اُن کے ہاتھ اپنے بیٹوں کو بھیجا۔ وہ سننے کے قابل ہے اور اُس سے یہ ثابت ہوتا ہے۔ کہ ہندوستان کی عورتیں کس بلا کے دل و دماغ رکھتی تھیں +

پیغام۔ موقع کو کبھی ہاتھ جانے دینا نہیں چاہئے تم کو لازم ہے۔ کہ اپنے باپ کی میراث پر لڑنے میں ذرا تساہل نہ کرو۔ دشمن کی منزلت اور اُس کی فوج کی کثرت کا کچھ خوف دل میں نہ لاؤ۔ اور فوراً اُس سے راج چھین لو۔ جان لو کہ تم چھتری ہو پیشہ کرنے یا ہل جوتنے یا بھیک مانگنے کے لئے پیدا نہیں ہوئے ہتھیار سنبھالنا اور مرنا یا مارنا تمہارا کام ہے۔ بے عزتی کے ساتھ جینے سے مرنا لاکھ درجہ بہتر ہے۔ یہی وقت ہے کہ تم اپنے کو پانڈو کی اولاد کر دکھاؤ۔ اور لوگوں پر ثابت کر دو کہ کنتی شریف اور نجیب بیٹوں کی ماں ہے۔ تمہارے دشمنوں کے سبب سے جو مصیبتیں تمہارے خاندان پر پڑیں وہ کچھ کم نہیں ہیں۔ جب میں اس بات کا خیال کرتی ہوں۔ کہ تمہاری بی بی دروپدی کے بال پکڑ کر اُنہوں نے اُسکو کس طرح گھسیٹا تو سب مصیبتیں اس بے عزتی کے آگے ہیچ معلوم ہوتی ہیں۔ اگر تم اپنے کوزو سے اس بے عزتی کا انتقام نہ لیا۔

تو دنیا میں تمہارا جینا عبث ہے۔ تم کو لازم تھا۔ کہ جس روز یہ ہتک ہوئی تھی۔ اُسی روز اُس کا بدلہ لیتے یا وہیں مرکر ڈھیر ہو جاتے۔ اب وہ وقت ہاتھ سے نکل گیا۔ اس لئے اب اس میں تندہی کرنی زیادہ ضرور ہے۔ اس پیغام کے سننے سے ہمیں سپارٹا کی عورتوں کا وہ مقولہ یاد آجاتا ہے۔ کہ جب اُن کے لڑکے لڑائی پر جاتے تھے۔ تو اُن سے کہہ دیا کرتی تھیں۔ کہ یا ڈھال لے کر آنا یا ڈھال کے اوپر آنا۔ اس سے ثابت ہوتا ہے۔ کہ اگلے زمانے میں آریا قوم کی سب عورتیں ایک ہی سی طبیعت رکھتی تھیں۔ خلاصہ یہ کہ مہابھارت کی لڑائی میں پانڈو فتحیاب ہوئے۔ اور کنتی اپنے بیٹوں سمیت پھر راج کی مالک ہوئی اور خدا نے اُس کو وہ عروج اور اقبال دیا کہ اُس کے بیٹے اسومیدہ جگ کرنے کے قابل ہوئے۔ جب اُس کی ساری مرادیں پوری ہو لیں۔ تو وہ دھرت راشٹ اور گندھاری کے ساتھ ہستناپور سے چلی گئی۔ اور گنگا کے کنارے ایک تنہا مقام میں رہنے لگی۔ جب عمر کے دن پورے ہوئے تو ناگہاں اُس بن میں آگ لگ گئی اور کنتی اور دھرت راشٹ اور گندھاری سب جل کر وہیں خاک ہو گئے +

دروپدی

ہند کی قدیم اور مشہور عورتوں میں سیتا کے بعد دروپدی ہے جس طرح راماشن کو سیتا کے حالات سے زینت ہے۔ اسی طرح دروپدی کے ذکر سے مہابھارت کو رونق ہے۔ اس کا باپ دروپد ملک پنچال یعنی قنوج کا راجا تھا۔ اُس کے سوئمبر کا حال مہابھارت میں بہت آب و تاب کے ساتھ لکھا ہے +

سوئمبر کی حقیقت ایک شاعر نے انگریزی اشعار میں ایک لڑکی کی زبان سے قلمبند کی ہے۔ ہم بھی اُس کا ترجمہ تفریح ناظرین کے لئے درج کرتے ہیں +

میری ماں کہتی ہے مجھ سے دیکھ لے تو ہنا بر
نادر کر اقرار شادی کا تو اُس سے بے خطر
راجا اور ٹھاکر کھڑے ہیں متصل میرے کئی
ہے دھڑکتا بے گماں خوف و رجا میں اُن کا جی
دیکھنے ہیں کس کی قسمت آج ہوگی بار ور
کس کے نخلِ آرزو میں آج لگتا ہے ثمر
ایک گوہر ہے ودیعت درج خاطر میں میری
جس کا معدن ہے محبت جس کے خواہاں ہیں سبھی
جو کلید مہر سے کھولیگا قفل دل مرا
وہ ہی اس گوہر کو دیکھیگا درخشاں بر ملا

میرے سینے میں ہے پنہاں چشمۂ آبِ حیات
بات کا پورا ہو جو ہے موت اُس کی اُس کے ہات
دل میں وہ طاقت میرے ہے قادرِ مطلق نے دی
کوئے اُلفت سے قدم باہر نہ رکھوں میں کبھی
لیکن اب تک ہے دبی پایا نہیں نشو و نما
ہو شرارِ آتشیں جس طرح پتھر میں چھپا
دیکھتی ہوں اپنی خوابوں میں میں اکثر جلوہ گر
دلستانہ ایک صورت خوشنما مثلِ قمر
خواستگاروں میں وہ صورت دیکھئے ہے یا نہیں
میری قسمت میں ہے شادی یا کہ رہنا ہے حزیں
ہار شادی کا وہی پہنیگا میرے ہاتھ سے
خواب کی تعبیر میری جو دکھائیگا مجھے
گر نہ ایسا ہو میری قسمت میں ملنا ہو لکھا
تو کنواری ماں کے گھر میں مجھ کو رہنا ہے بھلا

چونکہ حسن و جمال میں اُس وقت کوئی عورت دروپدی کی نظیر نہ تھی۔ اس واسطے بہت سے راجا اور رانا ہندوستان کے مختلف مقامات سے کمپلا دارالسلطنت پنچال میں آکر جمع ہوئے اور سب نے چاہا کہ یہ مہ جبیں ہمارے ہاتھ آئے۔ مگر اُس کا حاصل کرنا کچھ آسان نہ تھا۔ بلکہ اس بات پر منحصر تھا۔ کہ خواستگار اپنے کو اُس زمانے کے زور آزماؤں میں اعلےٰ درجے کا تیر انداز ثابت کرے۔ اور ایک سونے کی مچھلی کی آنکھ کو جو

ایک بلی پر نصب تھی اور اس کے نیچے ایک چکر برابر گردش میں تھا۔ تیر سے چھید دے۔ یہ شرط ارجن نے پوری کی اور پانی کی دیگ میں جو نیچے رکھی ہوئی تھی مچھلی کا عکس دیکھ کر اُس کی آنکھ کو چھید دیا۔ سیتا اور دروپدی کا سوئمبر ہند کی تاریخ میں اُس زمانے سے علاقہ رکھتا ہے۔ جس میں لڑکی کو اجازت تھی۔ کہ اپنے بہت سے خواستگاروں میں سے ایک شخص کو پسند کر لے۔ مگر یہ اجازت برائے نام تھی کیونکہ اصل میں والدین اپنی لڑکی کی شادی اس شخص سے کرتے تھے۔ جو تیر اندازی یا نیزہ بازی یا قوت جسمانی کے امتحان میں اوروں پر سبقت لے جاتا تھا۔ اور یہ بعینہٖ ایسی بات تھی۔ جیسے اس زمانے میں والدین اپنی لڑکی کی شادی کے لئے اس شخص کو تلاش کرتے ہیں۔ جو عقل اور دولت و ثروت میں منتخب ہو۔ مگر بیچ کے زمانے میں بجائے پہلے طریق کے سوئمبر کا یہ طریق ہوگیا تھا۔ کہ لڑکی اپنے باپ یا بھائی یا دائی کے ساتھ محفل میں آتی تھی۔ اور خواستگاروں کی جماعت میں سے ایک جوان چھانٹ کر پسند کر لیتی تھی۔ غرض جب ارجن نے مچھلی کو تیر سے چھید دیا۔ تو دروپدی نے اس کے گلے میں بر مالا ڈال دی۔ مگر وہ اکیلی اُسی کی بی بی نہ ہوئی بلکہ پانچوں بھائیوں کا اُس کے ساتھ عقد ہوا۔ جس طرح اس زمانے میں بعض آدمی اس سبب سے کہ اُن کے

اخلاق میں فتور آ جاتا ہے۔ یا یہ کہ وہ عورتوں کے حقوق پر نظر نہیں رکھتے۔ کئی بیویاں کر لیتے ہیں اسی طرح اُس زمانے میں مفلسی یا بے تمیزی کے سبب کئی مرد ایک عورت سے شادی کر لیتے تھے۔ چنانچہ اس قبیح رسم کے آثار آج تک بھی کچھ کچھ پائے جاتے ہیں۔ ایک صاحب لکھتے ہیں۔ کہ بعض پہاڑوں پر تین چار یا زیادہ بھائی جن کو الگ الگ شادی کرنے کا مقدور نہیں ہوتا تھوڑا روپیہ ملا کر ایک عورت سے شادی کر لیتے ہیں۔ مگر سمجھ میں نہیں آتا کہ اُنکے ہاں وراثت کے جھگڑے کیونکر طے ہوتے ہونگے۔ اسی دستور کے موافق دروپدی بھی اُن پانچوں کے عقد نکاح میں آئی۔ یہ لوگ پہلے اس کو ہستناپور لے گئے۔ پھر اندر پرست کو گئے۔ اور وہاں یدھشٹر نے راجسو جگ کر کے اپنے تئیں مستقل بادشاہ قرار دیا +

اس کے بعد جوئے کی وہ مشہور بازی ہوئی۔ جس میں یدھشٹر نے اپنا سب راج پاٹ ہار کر اپنے کو مع اپنے بھائیوں کے دشمنوں کا غلام بنایا۔ اور انجام کو دروپدی پر داؤں لگا کر اس کو بھی ہار دیا۔ دروپدی کو اپنے ہارے جانے کا حال سن کر کمال رنج ہوا۔ اور اس نے ہر چند عذر کئے۔ اور کہا کہ اس کھیل میں سراسر دغا ہوئی ہے۔ اور میرے خاوند کو اپنے ہارنے کے بعد مجھ پر داؤں لگانے کا اختیار نہ تھا۔ مگر حریفوں نے ایک نہ سُنی۔ اور اُس کے بال پکڑ کر

گھسیٹتے ہوئے جوا کھیلنے کی جگہ لے آئے۔ یہ حال دیکھ کر پانڈو کی آنکھوں میں خون اتر آیا۔ اور قریب تھا کہ تلوار چل جاتی۔ مگر دھرت راشٹ نے عین موقع پر اگر فساد رفع کر دیا۔ اور دروپدی کی بہت تشفی کرکے پانڈو کے ساتھ اُن کے ملک میں جانے کی اجازت دی۔ بی بی پر واؤں لگانا پرلے درجے کی ناشائستگی ہے۔ اور اس سے عورت کی کمال درجہ بے قدری ثابت ہوتی ہے۔ مگر یورپ میں بھی جواریوں کی روائتیں اس قسم کی باتوں سے خالی نہیں۔ حالانکہ یہ باتیں وہاں بہت خفیہ طور پر ہوتی تھیں +

اس ہار جیت کے بعد جس کا ذکر اوپر آیا ہے۔ ایک ہار جیت اور ہوئی۔ اور اُس کے ہارنے میں پانڈو کو مع دروپدی کے جلاوطن ہونا پڑا۔ اس جلا وطنی کے عالم میں ایک دفعہ پانڈو کہیں شکار کو گئے ہوئے تھے۔ اور دروپدی اکیلی تھی۔ اُس وقت سندھ کا راجہ جیاورت جو پانڈو کے دشمن دریودھن کا بہنوئی تھا۔ موقع پاکر وہاں آیا۔ اور دروپدی کو زبردستی گاڑی میں بٹھا کر اپنے ساتھ لے چلا۔ اگرچہ دروپدی بہت چلائی۔ اور روئی پیٹی۔ مگر اُس نے اُس کو نہ چھوڑا۔ جب پانڈو کو اس بات کی خبر ہوئی تو بھاگا بھاگ دشمن کا تعاقب کرکے راستے ہی میں اُسے جا لیا۔ اور دروپدی کو چھڑا کر جیاورت کو مقید کر لیا۔ ہر چند کسی شخص کو مغلوب کئے بغیر

اس کی عورت کو پکڑ کر لے جاتا چھتریوں کے آئین کے خلاف تھا۔ اور اس جرم کی سزا جان سے مار ڈالنا تھی مگر پانڈو نے اس خیال سے کہ اُس کے مارنے سے ہمارے چچا کی لڑکی بیوہ ہو جائیگی۔ اُس کے خون سے ہاتھ آلودہ نہ کیئے۔ اور نفقط مار پیٹ کر چھوڑ دیا۔ اس واقعے کے چند روز بعد کرد چھتر کے میدان میں جہاں اور بھی کتنی لڑائیاں ہو چکی ہیں۔ بھرت کے راج کے لئے پانڈو اور کورو کے نامین لڑائی کا وہ مشہور ہنگامہ گرم ہُوا۔ جس میں ہند کے سینکڑوں راجاؤں کے خون پانی کی طرح بہ لیئے۔ آخر پانڈو فتحیاب ہوکر ہستنا پور کو چلے گئے۔ اور یڈھشٹر اپنے بزرگوں کے تخت کا مالک ہُوا۔ وہاں جا کر جب راج تلک کی رسم ہوئی۔ تو دروپدی کو یڈھشٹر نے اپنے ساتھ شریک کیا۔ چنانچہ دونو آگ کے سامنے ہوم کرنے کے لئے بیٹھے۔ اور پاک کرنے کی چیزیں جو کرشن اور دھرت راشٹ اور یڈھشٹر کے چاروں بھائی لائے تھے۔ وہ دونو کے سر پر ڈالی گئیں۔ پھر اُس کے بعد پانی سے دونو کو ساتھ نہلایا۔ اسی طرح جب اسومیدھ جگ ہُوا۔ تو اس وقت دروپدی سب باتوں میں اُس کی شریک رہی یعنی اول دونو نے اشنان کیا۔ اور جب جگ کی زمین پیمائش ہو چکی۔ تو راجا یڈھشٹر نے رسم کے موافق اپنے ہاتھ سے سونے کا ہل چلایا۔ اور دروپدی نے دانہ پاشی کی۔ اس سارے بیان سے مطلب یہ ہے۔ کہ اگلے زمانے میں ہندوؤں

کے ہاں عورتوں کی بے قدری نہ تھی۔ اور جو بڑی بڑی مذہبی رسمیں ہوتی تھیں سب میں وہ اپنے خاوندوں کی شریک رہتی تھیں۔ جو لوگ یہ کہتے ہیں۔ کہ اگلے زمانے میں ہندوؤں کی عورتیں پردہ میں رہتی تھیں۔ اُن کے سامنے یہ بیان کرنا ضرور ہے۔ کہ راج تلک اور اسومیدہ جگ دونو جلسوں میں بہت سی عورتیں شریک مجلس ہوئی تھیں۔ اور راج تلک کے وقت کنتی ہاتھی دانت کے تخت پر بیٹھی ہوئی اپنے بیٹے کی تخت نشینی کا تماشا دیکھ رہی تھی۔ نکل اور سہدیو دونو اس کے دائیں بائیں کھڑے تھے۔ اور گندھاری راجا دھرت راشٹ کے قریب ایک نہایت مکلف قالین پر بیٹھی ہوئی تھی۔ اسومیدہ جگ میں جو راجا اور رانا آئے تھے۔ اُن کی بیبیوں کے لئے تخت بچھوا دیئے گئے تھے۔ برہمن بھی اپنی بیبیوں کو پاس لئے بیٹھے تھے۔ اور دونو میاں بی بی ملکر راجا کے لئے دعائیں پڑھتے تھے۔ اس جگ میں ایک رسم یہ بھی تھی۔ کہ چونسٹھ بڑے بڑے راجا اور رشی مٹکے سر پر رکھ کر اپنی بیبیوں سمیت گنگا پر جاتے اور پانی بھر کر جگ کی جگہ پر لاتے تھے۔ چنانچہ اس موقع پر کرشن اور ارجن اور بھیم اور بہت سے راجا اور رشی اپنی اپنی بیبیوں کے ساتھ سروں پر مٹکے لئے ہوئے اور آگے آگے تاشا مرفا بجتا اور ناچ ہوتا ہوا گنگا کے کنارے پر گئے۔ اور اپنے مٹکے بھر کر اسی تجمل کے ساتھ

جنگ کی جگہ واپس آئے +

مہابھارت میں دروپدی کے حال میں کوئی اور مشہور بات نہیں لکھی۔ انجام کو راجا یدھشٹر نے ارجن کے پوتے پیر پچھت کو راج دے دیا۔ اور آپ مع اپنی بی بی اور بھائیوں کے کوہ ہمالہ پر جا کر گل گیا +

گندھاری

اس مشہور عورت کا ذکر بھی مہابھارت ہی میں آیا ہے۔ وہ گندھار یعنی قندھار کے راجا کی بیٹی تھی۔ اور اُس کے گندھاری نام رکھے جانے کا بھی یہی سبب تھا۔ اگلے زمانہ میں قندھار کے باشندے بھی چھتری تھے۔ یونانی مؤرخ ہیروڈوٹس نے جو لکھا ہے کہ اہل ہند دارا گشتاسپ کو خراج دیتے تھے اور اسفندیار کی فوج میں بھرتی تھے۔ غالباً وہ یہی لوگ ہونگے۔ یہ لوگ دریائے سندھ کے دونو طرف رہتے تھے۔ جب راجا پانڈو سلطنت سے دست بردار ہوکر پہاڑوں کی طرف چلا گیا۔ اور دھرت راشٹ اُسی جگہ سریر آرائے سلطنت ہوا۔ تو اُس نے اپنے وطن آبائی قندھار کی طرف شادی کی تلاش میں آدمی بھیجے۔ چنانچہ قندھار کے راجا نے اپنی لڑکی کا عقد اُس کے ساتھ کرکے اپنے بیٹے

ساکنی کے ساتھ ہستنا پور بھیج دیا۔ اب جو ہندوستان کے کسی راجا کو کابل کی کسی عورت سے شادی کرنے کا خیال دل میں نہیں آتا۔ اس کا سبب یہ ہے کہ صدہا برس سے اِن دونو ملکوں میں اختلاف زبان اور اختلاف مذہب اور اختلاف قوانین اور اختلاف اوضاع و اطوار کے سبب بالکل تفرقہ پڑ گیا ہے۔ گندھاری بڑی عقلمند اور نیک عورت تھی۔ باوجودیکہ اُس کا خاوند نا بینا تھا۔ مگر اُس نے اُس کی تعظیم اور توقیر میں کبھی قصور نہیں کیا۔ گندھاری سے راجا دھرت راشٹ کے ہاں دو بیٹے دریودھن اور درشاسن اور ایک لڑکی دشبار پیدا ہوئی۔ اس کی عفت اور پارسائی کا یہاں تک شہرہ تھا۔ کہ آج تک بھی لوگ مثال کے طور پر اس کا ذکر کرتے ہیں۔ جب دریودھن کا پانڈو کے ساتھ بگاڑ ہوا ہے تو صرف اس عورت کی عقل و دانش کے سبب مہاراج نے اس کو دربار میں دریودھن کے سمجھانے کے واسطے بلایا تھا۔ مگر اس ڈھیٹ نے جس طرح اور بزرگوں کی نصیحت کو نہ مانا تھا اس کی بات پر بھی کان نہ دھرا۔ آخر اس کا نتیجہ یہ ہُوا کہ کرو چھتر کے میدان میں کورو اور پانڈو کی لڑائی ہوئی اور تمام کورو اس میدان میں مارے گئے۔ اس واقعے کے بعد جب پانڈو کو دھرت راشٹ اور گندھاری کے قلق اور اُن کی بے قراری کا حال معلوم ہُوا۔ تو اُنھوں نے اُن کی تشفی کے لئے کرشن جی کو اُن کے

پاس بھیجا۔ جب یہ وہاں پہنچے تو اول اُنہوں نے رسم تعزیت ادا کرکے مہاراج کی تسلی کی۔ اور اس کے بعد چاہتے تھے۔ کہ محل میں جاکر رانی کو صبر دلائیں۔ مگر ان کا آنا سُن کر اُس سے رہا نہ گیا اور وہ روتی پیٹتی وہیں آگئی۔ اور کرشن کو دیکھتے ہی غش کھا کر گر پڑی۔ کرشن یہ حال دیکھ کر بہت گھبرائے۔ اور یہ سمجھ کر کہ گندھاری مر گئی ہے۔ بے اختیار رونے لگے۔ پھر بہت سا کیوڑا اور گلاب منگواکر اس کے چہرے پر چھڑکا۔ دھرت راشٹ بھی جہاں وہ بیہوش پڑی تھی، آیا اور اُس کا سر اُٹھا کر اپنے زانو پر رکھ لیا۔ بڑی دیر کے بعد جب اُس کو ہوش آیا تو کرشن نے اُس کی بہت تشفی کی۔ اس عورت کو جس قدر اپنی اولاد کے مر جانے کا غم تھا۔ اُسی قدر اپنے ضعیف اور شکستہ خاطر خاوند کی طرف سے بھی فکر تھی۔ مہابھارت میں جس جگہ میدان جنگ میں عورتوں کے پہنچنے اور بیٹوں اور بھائیوں اور خاوندوں اور اور رشتہ داروں کی لاشوں کو دیکھ کر رونے پیٹنے اور آخری رسم کے ادا کرنے کا حال لکھا ہے۔ وہ ایسا پُر تاثیر ہے۔ کہ پتھر بھی اس مقام پر پانی ہوکر بہنے لگتا ہے۔ جیسا یہ مقام اس کتاب میں درد انگیز ہے۔ شاید دو چار ہی اور مقام ایسے ہونگے۔ خلاصہ یہ کہ گندھاری نے اپنی عقل و دانش کے سبب باقی زندگی بڑے صبر اور استقلال کے ساتھ کاٹی اور آخر

عمر میں اپنے خاوند کے ساتھ گنگا کے کنارے پر جا بسی اور جنگل میں آگ لگ جانے کے سبب وہ اور کنتی اور سب ساتھی اُس کے جل کر مر گئے +

اُترا

یہ عورت وراٹ یا متس دیس کے راجا کی بیٹی تھی اس کا حال دیکھنے سے ہندوؤں کی ایسی تہذیب اور شائستگی کا پتہ لگتا ہے۔ جو ایک مدت دراز کے بعد ان لوگوں کو نصیب ہوئی ہوگی۔ دوسری مرتبہ جلا وطن ہونے کے بعد جب پانڈو اپنا بھیس بدل کر راجا وراٹ کے ہاں نوکر ہوئے۔ تو ارجن نے خواجہ سراؤں کی صورت میں اُس کی لڑکیوں کو ناچنا اور گانا سکھایا یہ امر اس بات پر صاف دلالت کرتا ہے۔ کہ ایک زمانے میں ہندو راجا اپنی لڑکیوں کو اُن کے مرتبے کے موافق تعلیم دلوایا کرتے تھے۔ اسی طرح یہ بات کہ جب اُترا کا بھائی اُتر بر فتح پاکر اپنے شہر میں واپس آیا تو بہت سی نوجوان اور خوبصورت لڑکیاں اُس کو مبارک باد دینے کے لئے آئیں۔ اس امر کو بتاتی ہے کہ اگلے زمانے میں ہند کی عورتیں مشہور بہادروں اور لڑنے والوں کا کس طرح استقبال کرتی تھیں۔ مہابھارت کے وراٹ پرب میں جو حال ہندوؤں کے طریق معاشرت

کا لکھا ہے - وہ اُس طریق کو بتاتا ہے - جو مسلمانوں کے آنے سے پہلے یہاں جاری تھا - اور لڑکیوں کی تعلیم کے باب میں اُس طریق سے بہت مشابہت رکھتا ہے - جو آج کل یورپ میں پھیلا ہُوا ہے +

جشودا

اگرچہ جشودا کے باب میں کوئی مشہور بات قابل تحریر نہیں ہے - مگر چونکہ اس کا نام تمام ہندوؤں کی زبان پر ہے - اس لئے اس کا حال قلم انداز کرنا مناسب نہیں معلوم ہوتا - وہ کنتی اور دروپدی اور گندھاری کی ہمعصر تھی - مگر اس کے مرتبہ اور ثروت کو اُن کے مرتبہ اور ثروت سے کچھ نسبت نہ تھی - یہ ایک غریب گوالئے کی بیٹی تھی - اور ان ہی لوگوں میں اس نے تربیت پائی تھی - اس کا خاوند نند ایک چھوٹا سا سردار تھا - اور گوکل میں جو متھرا کے قریب جمنا کے بائیں کنارے پر واقع ہے سکونت رکھتا تھا اور بہت سی گائیں اُس کے پاس تھیں - جس رات کرشن جی شہر متھرا میں بسدیو کے پیدا ہوئے - اُسی رات جشودا کے ہاں ایک لڑکی پیدا ہوئی - چونکہ بسدیو کے تمام لڑکوں کو کنس مروا ڈالتا تھا - اسلئے کرشن کے پیدا ہوتے ہی ان کا باپ جشودا کے ہاں اُنہیں

چھوڑ کر چوری سے اس کی لڑکی کو اُٹھا لایا۔ اس طرح نند کے گھر کرشن پرورش پانے لگے۔ اس کے بعد نند اور جشودا دونو اپنے مویشی اور گائیں بھینسیں لے کر بندرابن کو چلے گئے۔ اور وہیں سکونت اختیار کی۔ جشودا کا نام ہندوؤں میں صرف اس سبب سے مشہور ہے۔ کہ اُس نے کرشن کو ایسی محبت اور پیار سے پالا تھا۔ کہ کوئی اور نظیر اس کی نہیں پائی جاتی +

رُکمنی

رُکمنی ملک وِدربھ یعنی برار کے راجا رچھانک کی بیٹی تھی۔ چھیدی یعنی ریوا کے راجا سِسپال سے اس کی نسبت ٹھیر گئی تھی۔ مگر اُس کو اس کے ساتھ شادی کرنی منظور نہ تھی۔ اور کرشن جی کے حُسن اور بہادری کا شہرہ سُن کر غائبانہ ان کی یاد کیا کرتی تھی۔ اور آخر کو اُس نے ایک محبت نامہ کرشن کے نام اس مضمون سے لکھا کہ میں تمہیں یاد کرتی ہوں اور میرے ماں باپ مجھے ایسے جال میں پھنسانا چاہتے ہیں۔ کہ مرتے دم تک اُس سے چھٹکارا محال ہے۔ اگر تم ایسے وقت میں میری مدد کرو اور اپنی لونڈی بنانے سے مجھے سرفرازی بخشو۔ تو میری کمال خوش قسمتی ہے۔ نہیں تو یونہی جل جل کر مر جاؤنگی۔ اور تمہاری

جدائی کا داغ دنیا سے اپنے سینے میں لے جاؤنگی۔ اس پیام کے آتے ہی کرشن دوارکا سے روانہ ہوئے۔ اسی اثناء میں شادی کی تاریخ بھی قرار پا گئی اور رُکمنی حسب دستور اپنی سہیلیوں کو ساتھ لے کر اپنی کل دیوی کی پرستش کے واسطے اس کے مندر میں گئی۔ بموجب قرار داد کے کرشن بھی وہاں جا پہنچے۔ اور اُس کو گاڑی میں بٹھا کر روانہ ہوگئے۔ جب رُکمنی کے بھائی اور سسپال کو یہ خبر پہنچی۔ تو وہ سنتے ہی کرشن کے تعاقب میں روانہ ہوئے۔ مگر کرشن نے دونو کو شکست دی۔ اور رُکمنی کو دوارکا میں لا کر اپنی پٹرانی بنایا۔ کرشن کے ہاں رُکمنی سے ایک لڑکا پر دیمن پیدا ہوا۔ رُکمنی کا حال صاف اس بات کا شاہد ہے۔ کہ زمانہ سلف میں ہند کی عورتیں یورپ کی عورتوں کی طرح پڑھی لکھی ہوتی تھیں۔ اور خط و کتابت کر سکتی تھیں +

پریم دیوی

یہ عورت دہلی کی فرمانروا ہوئی ہے۔ ہندوستان کے شمال مغرب میں بہت دور تک اس کی عملداری تھی۔ اگرچہ اُس کا زمانہ تحقیق نہیں۔ پر صرف اُس کے نام اور اتنی ہی بات کا پتا لگتا ہے کہ کسی زمانے میں دہلی

کی یہ حاکم تھی۔ مگر جس قدر معلوم ہے۔ وہ اس امر کے ثبوت کے واسطے کافی ہے۔ کہ اگلے زمانے میں ہندوؤں کی عورتیں غلامی کی حالت میں مبتلا اور ورثے سے محروم نہ رہتی تھیں۔ تین مختلف قوموں کی عورتوں نے مختلف زمانوں میں ہندوستان پر حکمرانی کی ہے۔ اول پریم دیوی نے۔ دوسرے رضیہ بیگم نے۔ تیسرے ملکۂ معظمہ وکٹوریا نے۔

دمینتی یعنی دمن

کوئی ہندو ایسا نہیں ہے۔ جو نل اور دمن کے نام سے واقف نہیں۔ اور وہ بڑا سنگدل ہوگا جو اُن کی مصیبت اور تباہی کا حال سن کر نہ رویا ہوگا۔ سب ہندو اِن کے حالات کو بڑی رغبت سے سنتے ہیں۔ اور راجا مصیبت کے وقت اُس کا حال سُن کر اپنے دل کو تشفی دیتے ہیں۔ مسلمانوں میں فیضی وزیر اکبر نے فارسی میں نلدمن لکھی ہے۔ اور انگریزوں میں ڈاکٹر مِلمن نے ان کا حال انگریزی میں بیان کیا ہے۔ اس ذریعے سے ان کی شہرت دور دور تک پھیل گئی ہے۔ ان کی جو داستان مہابھارت میں مندرج ہے۔ اس کے دیکھنے سے معلوم ہوتا ہے۔ کہ وہ اس کتاب میں پیچھے داخل کی گئی ہے۔ کرنیل ٹوڈ صاحب کی یہ رائے ہے۔ کہ نل ۲۹۹ء میں نشد کا ایک راجا ہوا ہے۔ اور نشد اُسی

نے بسایا تھا۔ دمن ملک و دربہ کے راجا بھیم کی بیٹی تھی۔ اور جمال ظاہری اور کمال باطنی میں اپنا مثل نہ رکھتی تھی راجا نل کو کہ یہ بھی اپنے زمانے کا نہایت خوبصورت اور بہادر راجا تھا۔ سوئمبر میں اُس نے پسند کیا تھا۔ بارہ برس اُنھوں نے نہایت عیش اور کامرانی سے گزارے۔ آپس میں اُن کی محبت اور الفت کا یہ حال تھا۔ کہ ایک دوسرے کو دیکھ کر جیتا تھا۔ اس عرصے میں ایک لڑکا اندر سین اور ایک لڑکی اندر سینہ اِن کے ہاں پیدا ہوئی یہ بات کہ بڈھشٹر کی طرح جوئے میں اپنی سلطنت اس راجا نے بھی کھو دی تھی۔ جھوٹ معلوم ہوتی ہے۔ اور یہ سمجھ میں آتا ہے۔ کہ مصیبتوں کا اصل سبب چھپانے کے واسطے کسی نے یہ قصہ بنا لیا ہے۔ اغلب یہ ہے۔ کہ اس کے بھائی پشکر نے جس کو اُس نے اپنی سلطنت کا انتظام سپرد کیا تھا۔ دغا سے اس کا تخت چھین لیا تھا۔ غاصب کے چنگل سے بچانے کے واسطے دمن نے اپنے بچوں کو ایک معتبر آدمی کے ساتھ اپنے باپ کے پاس بھیج دیا۔ اور آپ اپنے خاوند کے ساتھ جلا وطنی اختیار کی۔ جنگلوں اور بنوں کے سفروں میں ان کو بہت ہی مصیبتیں پیش آئیں۔ بارہا ایسا ہوا کہ راہ کی تکان اور بھوک اور پیاس کے غلبے سے اُن کو غش آگیا۔ مگر اس حال میں بھی ایک کو دوسرے کے سبب سے تسلی رہی۔ فلک تفرقہ پرداز یہ بھی نہ دیکھ سکا۔ ایک روز ایسا اتفاق ہوا کہ یہ دونو جنگل میں پڑے ہوئے تھے۔

اور دمن راہ کی ماندگی سے تھک کر بیہوش سوگئی تھی
کرنل نے یاس اور اُداسی کے عالم میں اُس کو وہیں
چھوڑا۔ اور جنگل کے گنجان درختوں میں غائب ہوگیا۔
جس وقت دمن کی آنکھ کھلی تو دیکھا کہ خاوند نہیں
ہے۔ اس وقت روتی چلاتی جنگل میں اُسے ڈھونڈتی
پھرتی تھی۔ کہ اتفاق سے سوداگروں کا ایک قافلہ جس
کے ساتھ بہت سے ہاتھی اور اونٹ تھے۔ چھیدی کو
جاتا ہوُا اُسے مل گیا۔ دمن اس کے ہمراہ ہو لی۔ جب
چھیدی میں پہنچے تو اتفاق سے وہاں کے راجا کی
ماں اپنے محل کی چھت پر کھڑی سیر دیکھ رہی تھی
جب اُس کی نظر دمن پر پڑی تو دیکھا کہ ایک صورت
سرتا پا گرد سے آلودہ ہے۔ اور رستے کی تکان اور
سفر کی مشقت سے عجب شکل بن گئی ہے۔ مگر اس
حال میں بھی بشرے سے امارت اور سرداری کے نشان
عیاں ہیں۔ اسی وقت باندیاں بھیج کر اپنے پاس بلوایا۔
جب حقیقت سُنی تو جو کچھ قیاس کیا تھا وہ صحیح نکلا
اُس ملکہ رانی کو اس کے حال پہ رحم آیا اور اپنے
محل میں اپنی بیٹی کے پاس رہنے کو جگہ دی۔ اسی
عرصہ میں راجا بھیم نے بھی اپنی بیٹی کی تلاش میں
قاصد جا بجا دوڑا دئے تھے۔ وہ سراغ لگا کر یہاں
آئے اور اُس کو راجا بھیم کے پاس ودربہ میں لے گئے
وہاں اگرچہ بچوں کو دیکھ کر اس کا غم کچھ کم ہوُا
مگر خاوند کی جدائی کا کانٹا ہر وقت دل میں کھٹکتا

تھا۔ ناچار اپنے باپ سے اُس کی تلاش کی ملتجی ہوئی اور اُس نے نل کی تلاش میں بھی قاصد دوڑائے اب نل کا حال سنو کہ بی بی سے جدا ہوکر اجدھیا کو چلا گیا تھا۔ اور دھوکا اپنا نام رکھ کر رتھ بانوں کے بھیس میں راجا کے اصطبل کا داروغہ مقرر ہؤا تھا اس بات کو کچھ عجب نہ سمجھنا چاہیئے۔ تھوڑے ہی دنوں کا ذکر ہے۔ کہ جب اٹھارھویں صدی میں وارن ہیسٹنگز نے بنارس کے راجا چیت سنگھ کو اُس کی سلطنت چھین کر راج سے نکال دیا تھا۔ تو راجا مذکور نے مادا جی سیندھیا کے ہاں جاکر اُس کی فوج میں نوکری کر لی تھی۔ الغرض جب قاصدوں کو یہاں کا پتا لگا تو وہ آکر راجہ نل کو لے گئے دوربہ میں پہنچ کر چند روز تو وہ اپنی بی بی اور بچوں کے دیدار سے نشاط اندوز رہا۔ اس کے بعد اپنے ملک پر چڑھائی کی اور اپنے بھائی سے اپنا راج چھین کر بڑی نام آوری کے ساتھ سلطنت کرتا رہا۔ جے پور کے راجا اپنے تئیں اُسی کی اولاد سے بتاتے ہیں +

بکیا

جنوبی دکھن میں کنتو وال کا راجہ بڑا با اقتدار راجا تھا۔ مال۔ دولت سپاہ۔ لشکر۔ ہاتھی۔ گھوڑا۔ پالکی۔

نالکی سب کچھ خدا نے دے رکھا تھا۔مگر وارث تخت و تاج ایک بیٹی کے سوا کوئی نہ تھا۔ اس راجا کا مشیر اور وزیر بجیا کا باپ تھا۔ جس کو پرمیشر نے ایک بیٹا اور ایک بیٹی عنایت کی تھی۔ بیٹا تو آخر بیٹا ہی تھا۔ مگر بیٹی بھی کچھ بیٹوں سے کم نہ تھی۔ پڑھی لکھی قابل ہوشیار سلیقہ شعار علم و فضل میں طاق حسن و جمال میں شہرۂ آفاق۔ لیاقت ایسی کہ باتوں باتوں میں بڑے بڑے دانشمندوں کو مورکھ بنائے۔ جرأت ایسی کہ وقت پڑے پر اچھے بہادر مرد کو ایک طرف بٹھائے۔

بجیا کا باپ مدت سے اس فکر میں تھا۔ کہ کسی طرح راجا کی بیٹی میرے بیٹے سے منسوب ہو جائے۔ تو راج پاٹ آخر کو سب میرے گھرانے میں چلا آئے۔ مگر جوتشیوں نے یہ خبر دی تھی۔ کہ راج پاٹ چندر ہاس کے بھاگ کا ہے۔ اس سبب سے وہ وزیر کی آنکھوں میں کھٹکتا تھا۔ وزیر اُس پر بہت سے داؤں کھیلا اور اُس کے مارنے کی بہت سی تدبیریں کیں۔ مگر کوئی وار پورا نہ پڑا۔ آخر یہ ہوا۔ کہ ایک دن وزیر اور چندر ہاس دونو شہر سے کسی قدر فاصلے پر پڑے ہوئے تھے۔ وزیر نے اُسے خط دے کر اپنے بیٹے کے پاس شہر میں بھیجا۔ اور اس میں یہ لکھ دیا۔ کہ خط کے پڑھتے ہی اسے زہر دے دینا۔ چندر ہاس غریب کو یہ کیا خبر تھی۔ کہ میں اپنی موت کا پیغام لئے جاتا ہوں۔ خط تو لے کر نیمے کے پردے میں اڑسا

اور آپ گھوڑے پر سوار ہوکر شہر کا رستہ لیا۔ خدا کے کار خانے دیکھئے۔ وزیر تو یہاں یہ تدبیریں کر رہا تھا۔ اور تقدیر کھڑی ہنستی تھی۔ گویا یہ کہتی تھی۔ کہ جو کوئی اپنی چاہتی بیٹی چندر ہاس کو دے۔ وہ اُس کے مارنے کا نام نہ لے۔ چلتے چلتے شہر جب تھوڑی دور رہ گیا۔ اور وہ وقت قریب آ پہنچا۔ جس کی طرف وزیر کی آنکھ لگی ہوئی تھی۔ تو چندر ہاس کی نگاہ ایک باغ پر پڑی دیکھا تو ایک عجب خوش فضا قطعہ پایا۔ درخت نہایت موزون اور خوش نما۔ ڈالی پتّا پھول پھل سب دلکش اور جانفزا۔ در و دیوار سے بوئے محبّت آتی ہے۔ جانوروں کی آواز جی میں اُتری جاتی ہے۔ زمین پر سبزہ لہلہا رہا ہے۔ نہروں میں پانی لہرا رہا ہے۔ جب ہوا کا جھوکا آتا ہے۔ دل کو باغ کی طرف کھینچے لئے جاتا ہے۔ چندر ہاس یہ رنگ دیکھتے ہی چلتا چلتا رُک گیا۔ مگر متردد تھا کہ ٹھیروں یا جاؤں۔ طالع مسعود نے آتے ہی گھوڑے کی باگ پکڑ لی اور کشاں کشاں جانب باغ لے گیا۔ باغ میں ایک تالاب نہایت با آب و تاب تھا۔ چندر ہاس نے گھوڑے کو ایک درخت سے باندھ کر وہاں ہاتھ منہ دھویا۔ پانی پیا۔ پھر جی میں آیا۔ کہ دم بھر یہاں آرام لے کر شہر کو چلینگے۔ وہیں زین پوش بچھا کر لیٹ گیا۔ ٹھنڈی ٹھنڈی ہوا جو بدن کو لگی فوراً نیند آ گئی۔ لیکن اُس کے سوتے ہی نصیب

جاگ اُٹھے ٭
جس باغ کا یہ ذکر ہے۔ وہ اُسی وزیر کا باغ تھا۔ اور اتفاق سے اُس دن راجا کی بیٹی اور بکیّا اپنی اپنی سہیلیوں کے ساتھ باغ کی سیر کو آئی ہوئی تھیں۔ نہ وہاں اُن کی کچھ روک ٹوک تھی۔ نہ کوئی مانع و مزاحم تھا۔ ہنسی خوشی کھیلتی کودتی چہلیں کرتی قہقہے لگاتی ہر طرف پھرتی تھیں۔ بکیّا جو ٹہلتی ٹہلتی۔ تالاب کی طرف جا نکلی دیکھتی کیا ہے۔ کہ ایک جوان بے خبر پڑا سوتا ہے۔ اور پاس ہی ایک درخت سے گھوڑا بندھا ہے۔ قریب جاکر دیکھا تو بلا کا حُسن و جمال پایا صورت شکل آنکھ ناک بھوں پلک خال و خط ڈیل ڈول قد و قامت غرض کہ سر سے پاؤں تک خدا کی قدرت کا نمونہ تھا۔ بکیّا یہ نقشہ دیکھتے ہی کلیجا پکڑ کر بیٹھ گئی۔ مگر ڈری کہ مبادا ہمجولیوں میں سے کوئی دیکھ پائے۔ اور بھید کھل جائے۔ چاروں طرف غور سے دیکھا۔ مگر سب کو اپنے سے بہت دُور پایا۔ اتنے میں کیا دیکھتی ہے۔ کہ جوان کے سینے پر نیمے کے پردے میں ایک خط اُڑسا ہُوا ہے۔ اُس کا ایک گوشہ باہر کو نکلا ہُوا تھا۔ اس نے چپکے سے پکڑ کر کھینچ لیا۔ دیکھا کہ باپ کا خط ہے۔ اور بھائی کے نام ہے۔ حیران ہوئی۔ کہ یہ کیا اسرار ہے۔ آخر خط کھول کر پڑھا تو اُس میں یہ لکھا تھا۔ کہ چندر ہاس میرا دشمن ہے۔ جس وقت تمہارے پاس پہنچے۔ فوراً اُسے زہر دے دینا یہ مضمون

دیکھ کر اس کے چھکے چھوٹ گئے۔ اور دل ماہی بے آب کی طرح پہلو میں تڑپنے لگا۔ جی میں سوچی کہ اب وقت ہے یہاں کوئی ایسا داؤ کھیلئے کہ اس کی بھی جان بچ جائے۔ اور اپنی بھی مراد بر آئے۔ خط میں جو لفظ دشمن کے معنی دینا تھا۔ اُس کا ایک حرف دور کرنے سے دوست کے معنی پیدا ہو جاتے تھے۔ دشمن کا دوست تو اس طرح بنایا۔ اور جو لفظ زہر کے معنی میں تھا۔ یعنی بک اُس کا بکیا بنا دیا۔ اب خط کی عبارت یہ ہوگئی۔ کہ چندر ہاس میرا دوست ہے۔ جس وقت تمہارے پاس پہنچے فوراً اِسے بکیا دے دینا (یعنی اُس کے پھیرے اس کے ساتھ کر دینا) جب بکیا یہ سب کام کر چکی خط کو پھر اُسی طرح لفافہ میں بند کر اور باپ کی مہر درست کر جہاں سے لیا تھا وہیں رکھ دیا اور آپ پھر اپنی سہیلیوں میں جا ملی۔ جب چندر ہاس کی آنکھ کھلی سوار ہوکر سیدھا شہر کو چلا گیا۔ اور خط وزیر کے بیٹے کو جا دیا۔ وہ خط پڑھ کر ہکا بکا رہ گیا۔ کہ یہ ماجرا کیا ہے۔ مگر جب دیکھا کہ حکم قطعی ہے۔ اور چوں و چرا کی گنجائش بالکل نہیں۔ اُسی دن کھڑے پاؤں شادی کا کل سامان درست کرکے بکیا کے پھیرے چندر ہاس کے ساتھ کر دئے +

یہاں زیادہ تر جتانے کی یہ بات ہے۔ کہ بکیا نری حرف شناس ہی نہ تھی۔ بلکہ لکھنے پڑھنے میں بڑے زبردست منشیوں کی برابر لیاقت رکھتی تھی۔ کیونکہ کسی

مضمون کو ایک ذرا سے ہیر پھیر میں ایسا پلٹ دینا کہ بناوٹ کا بالکل گمان تک نہ ہو۔ بہت بڑی قابلیت چاہتا ہے +

بدیاتما یا بدیادھری

بدیاتما۔ ہند کے مشہور و معروف کبیشر کالیداس کی بیوی کا نام ہے اس کے زمانے کا پتا اس طرح لگتا ہے۔ کہ بدھ گیا میں ایک مندر کے پیشطاق پر کچھ حرف کھدے ہوئے ہیں۔ اُن سے یہ معلوم ہوتا ہے کہ امر سنگھ مصنف امر کوش ۵۰۰ء میں ہُوا ہے۔ اور یہ بات خُوب ثابت ہے۔ کہ کالیداس اُس کا ہمعصر تھا۔ پس بدیاتما کا بھی یہی زمانہ سمجھنا چاہئے بڑے تعجب کی بات ہے۔ کہ بدیاتما ایسے نامی کبیشر کی تو بیوی اور خود بھی علم والی مگر اس کا حال کسی کتاب میں درج نہیں۔ صرف ایک روایت سے اس قدر معلوم ہوتا ہے۔ کہ بدیاتما راجا شرو داندن کی بیٹی تھی۔ اور یہ راجا ذات کا برہمن تھا۔ گویا وہ ایک ایسے گھر میں پیدا ہوئی تھی۔ جو کہ علم اور دولت دونو کا خزانہ تھا۔ باپ نے بیٹی کی تعلیم اور تربیت میں کوئی دقیقہ باقی نہ رکھا تھا۔ اور اُس کو بھی خدا نے ایسا جوہر قابل پیدا کیا تھا۔ کہ نیل اور

بتی سب کچھ چراغ میں موجود تھا۔ فقط آگ لگانے کی دیر تھی۔ چند روز میں اُس نے وہ ترقی کی کہ تمام ملک اُس پر فخر کرنے لگا اور کوئی عورت اس کی ہمسر نہ رہی۔ اور سچ یہ ہے۔ کہ وہ اسی قابل تھی۔ دنیا میں بڑی دولتیں چار ہیں۔ جاہ و جلال۔ مال و منال۔ حسن و جمال۔ علم و کمال۔ سو یہ چاروں دولتیں اُسے حاصل تھیں۔ اُس نے اپنے نزدیک یہ عہد کر لیا تھا۔ کہ جب تک کوئی مجھ سے زیادہ علم والا بر نہ ملیگا۔ میں ہرگز شادی نہیں کرنے کی۔ شاید اُس زمانے میں سوئمبر کا ڈھنگ بدل گیا ہوگا۔ یعنی شادی کے لئے جس طرح پہلے مردوں کی طاقت اور شجاعت دیکھی جاتی تھی۔ اب عورتیں اُن میں علمی لیاقتیں ڈھونڈھنے لگی ہونگی۔ جب اس بات کا چرچا ہُوا کہ بدیاتما نے اپنی پسند کا مدار علم پر رکھا ہے۔ تو بڑے بڑے پنڈت اور بدیاوان دور دور سے اس اُمید پر شرو دانندن کے دربار میں آئے۔ مگر جو آیا منہ کی کھا کر گیا۔ آخر جب بہت سے پنڈتوں کا یہی حال ہُوا۔ تو اُنہوں نے آپس میں کہا۔ یارو بڑے شرم کی بات ہے۔ کہ ایک چودہ برس کی لڑکی نے جس کے منہ سے ابھی تک بوئے شیر آتی ہے۔ بڑے بڑے گنیوں کا دم بند کر رکھا ہے۔ اور تقریر میں کسی کو اُبھرنے نہیں دیتی۔ آؤ سب ملکر اسے زک دیں۔ یہ تو کہتی ہی ہے کہ میں کسی بڑے صاحب علم سے شادی کرونگی۔

مگر تم کو بھی قسم ہے۔ جو اِس کو کسی ایسے کے پنجے میں نہ پھنساؤ جو بڑا کاٹھ کا اُلّو ہو۔ بھلا یہ بھی تو جانے کہ اہل علم کا بھری مجلسوں میں خفیف کرنا ایسا ہوتا ہے۔ غرض وہ اسی دیکھ بھال میں تھے کہ ایک روز کالیداس اُن کی نظر پڑ گیا۔ دیکھتے کیا ہیں۔ کہ آپ ایک درخت پر چڑھے ہوئے ہیں۔ اور جس ٹہنے پر بیٹھے ہیں اُسی کو بسولے سے کاٹ رہے ہیں۔ وہ یہ دیکھ کر بہت خوش ہوئے۔ کہ اُلّو جیسا چاہئے مل گیا اور آپس میں کہنے لگے۔ کہ بدبا تما ایسے احمق کے پالے پڑے تو مزا ہے۔ غرض صلاح یہ ٹھہری کہ اس کو دربار میں لے چلئے۔ اُنہوں نے کالی داس سے کہا۔ کہ اگر ہم راجا کی بیٹی سے تیری شادی کرا دیں۔ تو تُو ہم کو کیا دے۔ اُس نے کہا۔ دعائے خیر کے سوا فقیر کے پاس اور کیا دھرا ہے۔ اُنہوں نے کہا اچھا ہم تجھ کو شرو وانندن کے دربار میں لے چلتے ہیں۔ مگر خبردار جو تو نے وہاں ایک بول بھی منہ سے نکالا۔ اگر کوئی تجھ سے کچھ کہے تو تُو کچھ اشارہ کر دیجو۔ ہم سب سمجھ لینگے۔ کالیداس نے کہا بہت اچھا۔ پنڈتوں نے اپنے گروہ کے دو فریق بنائے۔ ایک بڑی عمر والوں کا۔ دوسرا چھوٹی عمر والوں کا۔ بڑی عمر والے دربار میں پہلے جا بیٹھے۔ پھر تھوڑی دیر میں دوسرا فریق بھی پہنچا آگے آگے کالیداس اور پیچھے تمام پنڈت جو لوگ پہلے سے وہاں بیٹھے تھے۔ کالیداس کو دیکھ کر سب سرو قد کھڑے ہو گئے اور اس کو کمال تعظیم اور

تکریم کے ساتھ صدر میں بٹھایا۔ پھر بدیاتما سے کہا۔ کہ یہ ہمارے گرو ہیں۔ بالے پن سے ہی بدیا کی ترنگ میں سنسار کو چھوڑ کر مُنی بن گئے ہیں۔ بدیاتما نے کالیداس کی طرف ایک اُنگلی اُٹھائی۔ گویا یہ اشارہ کیا کہ ساری دنیا کو ایک نرنکار جوتی سروپ نے بنایا ہے۔ اس احمق نے اُس کی طرف دو اُنگلیاں اُٹھا دیں۔ گویا یہ اشارہ کیا کہ اگر تو میری ایک آنکھ نکالیگی۔ تو میں تیری دونو آنکھیں نکال لونگا۔ پنڈتوں نے گرو جی کا اشارہ دیکھ کر واہ واہ کا غل مچا دیا۔ اور بدیاتما سے کہا۔ کچھ سمجھیں بھی؟ گرو جی یہ فرماتے ہیں کہ جیسا تم کہتی ہو سرجن ہار ایک نہیں ہے۔ بلکہ پراکرتی اور برہم دونو نے ملکر سنسار کو بنایا ہے۔ اور ہمارے نزدیک انہیں کا بچن درست ہے۔ بدیاتما نے جو دیکھا کہ سبھا کی سبھا اُسی کے قول کی تائید کرتی ہے۔ اُس پر اُن کا ایسا رعب چھایا کہ فوراً اپنی غلطی کا اقرار کر بیٹھی۔ اور یہی کہتے بن پڑا کہ مُنی جی سچ کہتے ہیں۔ پھر تو پنڈتوں کی بن آئی۔ اور بدیاتما کو بھی گریز کا کوئی محل نہ رہا۔ اُسی وقت کالیداس کے ساتھ اُس کے پھیرے ہوگئے۔ شادی کے بعد جب معلوم ہوا کہ مجھ کو چھل دیا گیا ہے اور میرا خاوند بالکل نادان ہے۔ تو اُس نے کوئی بد دلی ظاہر نہیں کی۔ بلکہ اپنے خاوند کی تعلیم کرتے کرتے اپنا ہمسر بنا لیا پھر خود کالیداس کو شوق ہو گیا۔ اور

وہ لاثانی شاعر بن گیا +

لیلاوتی

یہ وہ نام ہے۔ جس سے ہندوستان کے ہندو مسلمان سب واقف ہیں۔ خصوصًا جو لوگ حساب اور ہندسے کے شوقین ہیں۔ اُنہوں نے کبھی نہ کبھی ضرور اس نام کی چینی چپی ہوگی۔ بھاسکر اچارج جو ہندوستان میں بڑا نامی ہیئت دان گزرا ہے۔ لیلاوتی اُس کی بیٹی تھی۔ بھاسکر کے زمانے میں مورخوں کا بڑا اختلاف ہے۔ بنٹلی صاحب کہتے ہیں۔ کہ اُس نے جو اپنی کتاب سورج سدھانت میں چاند کا اوج لکھا ہے۔ حساب کے رو سے وہ اوج ۱۱۹۴ء کا معلوم ہوتا ہے۔ لیکن اس میں یہ شبہ پڑتا ہے۔ کہ محمدؐ غوری نے اسی سال بنارس فتح کیا تھا۔ اور بھاسکر بنارس ہی کا رہنے والا تھا۔ پس یہ بات سمجھ میں نہیں آتی۔ کہ اُس کو ایسی سراسیمگی اور بھاگڑ کے وقت ثوابت و سیارات کے سادھنے کی فرصت ملی تو کیونکر ملی۔ ہمارے نزدیک اُس کا زمانہ قطعًا محمدؐ غوری سے پہلے تھا۔ کہتے ہیں کہ لیلاوتی ایسی اُبھاگی پیدا ہوئی تھی۔ کہ جنم پترے سے تمام عمر اُس کا کوارا رہنا پایا جاتا تھا۔ بھاسکر اچارج کے دل میں یہ خلش ہمیشہ کانٹے کی طرح کھٹکتی

رہتی تھی۔ رات دن اُس کی اسی اُدھیڑبن میں گزرتی تھی۔ کہ کسی طرح لیلاوتی کے دن پھریں۔ اور اُس کا ستارہ پلٹا کھائے۔ آخر سوچتے سوچتے یہ بات خیال میں آئی کہ پھیروں کے لئے کوئی ایسی سبھ گھڑی مقرر کرنی چاہئے۔ جس سے گرہ کی سختی جاتی رہے۔ ظاہر ہے۔ کہ ایسا وقت اتفاق ہی سے ملتا ہے۔ مدتوں بھاسکر اچارج اُس ساعت کا منتظر رہا۔ جب وہ دن آیا اور وہ سبھ گھڑی قریب آ پہنچی تو اُس نے ایک ہوشیار منجم کو گھڑی کے کٹورے پر نگہبانی کے لئے کھڑا کر دیا۔ اور نہایت تاکید کے ساتھ یہ کہ دیا کہ جس وقت کٹورا ڈوبے اُسی وقت آکر ہم کو اطلاع دو۔ مگر تقدیر کا لکھا کب ٹلتا ہے۔ اور کس سے مٹ سکتا ہے۔ جو گھڑی بھاسکر نے اتنی مدت سے سادھ رکھی تھی۔ وہ ایک آن کی آن میں ہاتھ سے نکل گئی۔ اور سب ہاتھ ملتے رہ گئے۔ بچوں کا قاعدہ ہے۔ کہ نئی چیز کو بڑے چاؤ سے دیکھا کرتے ہیں۔ لیلاوتی گو سمجھ دار تھی۔ مگر پھر بچہ ہی تھی۔ جس ناند میں کٹورا ڈال رکھا تھا۔ اس پر بار بار جاتی تھی۔ اور جھک جھک کر کٹورے کو دیکھتی تھی۔ ایک بار جھکنے میں اُس کی چوڑی کا ایک موتی جھڑ گیا۔ اور وہ کٹورے کے عین سوراخ پر جاکر ٹھہرا فوراً پانی آنے کا رستہ بند ہوگیا۔ جب اندازہ سے زیادہ دیر لگی اور منجم نے آکر کچھ خبر نہ دی تو بھاسکر آچارج کا ماتھا ٹھنکا دل میں سمجھا

کہ لیلاوتی کے ستارے نے شاید کچھ کرشمہ دکھایا۔ اُس نے کٹورے کو آکر خود دیکھا۔ یہاں ابھی کٹورے کے بھرنے میں بہت دیر تھی۔ اُس کا پانی نکال کر دیکھا تو معلوم ہُوا کہ ایک چھوٹے سے موتی نے کٹورے کا روزن بند کر رکھا ہے۔ اب کیا ہوسکتا تھا۔ مثل مشہور ہے "گیا وقت پھر ہاتھ آتا نہیں"۔ بھاسکر نے اپنے جی میں کہا کہ یہ ہمارے منصوبے باندھنے بالکل عبث تھے۔ پرمیشر کے حکم کے بغیر پتا نہیں ہل سکتا۔ پھر اپنی اَبھاگی بیٹی سے کہا۔ سنو پیاری بیاہ شادی اس واسطے کرتے ہیں۔ کہ اولاد ہو اور اُس سے دُنیا میں نام باقی رہے۔ سو میں تیرے نام کی ایک ایسی کتاب بناتا ہوں۔ کہ جب تک پرتھی قائم ہے۔ اُس سے جگت میں تیرا نام روشن رہیگا۔ حقیقت میں اُس نے جو اقرار کیا تھا۔ اُسے پورا کیا۔ حساب اور ہندسہ علمی میں ایک نہایت عمدہ کتاب لکھی اور لیلاوتی اُس کا نام رکھا۔ جس سے آج تک لیلاوتی کا نام زبان زد خاص و عام ہے۔ ہر چند یہ حکایت ایک کہانی سی معلوم ہوتی ہے۔ مگر بالکل بے اصل نہیں ہے۔ ہندو نجوم کو جتنا اب مانتے ہیں۔ اُسی سے قیاس کر لینا چاہیئے۔ کہ اگلے زمانہ میں کس قدر مانتے ہونگے۔ اِس زمانہ کی ایسی بہت سی نظیریں پائی جاتی ہیں کہ ماں باپ نے جوتشیوں کے کہنے میں آکر بیٹیوں سے دنیا کو بالکل ترک کرا دیا ہے۔ اور بندگی اور عبادت کے

سوا اُن کو کسی کام کا نہیں رکھتا۔ پس اگر بھاسکر اچارج
نے بھی ایسا کیا ہو۔ تو کچھ تعجب کی بات نہیں۔ اِس
حکایت سے یہ بھی معلوم ہُوا۔ کہ ہندوؤں کو اپنی لڑکیوں
کی بہبود کا خیال بہت رہتا تھا۔ غرض جب یہ بات یقین
کر لی گئی۔ کہ لیلاوتی کو ساری عمر کوارے پن میں رہنا
پڑیگا۔ تو باپ نے بڑی محنت اور جانفشانی سے اُس کو
ہر طرح کے علم سکھائے اور سچ یہ ہے کہ اُس بیٹی کی تنہائی
کا ایسا عمدہ علاج کیا کہ اُس سے بہتر ہو نہیں سکتا۔
درس و کتاب کے سوا کوئی چیز ایسی نہیں جو دنیا اور
اُس کی لذتوں کو انسان کے دل سے بھلا دے۔ کہتے
ہیں۔ کہ لیلاوتی نے حساب میں وہ مشق بہم پہنچائی
تھی۔ کہ ایک نگاہ ڈال کر بڑے سے بڑے درخت کے
پھل اور پتوں کا شمار بتا دیتی تھی۔ جو لوگ ریاضی
سے نا آشنا ہیں۔ وہ شاید اس بات کو محال سمجھیں۔
مگر جاننے والے جانتے ہیں کہ یہ مساوات کے وہ
سوال ہیں۔ جو کہ ذرا ذرا سے مدرسوں میں لڑکوں
سے حل کرائے جاتے ہیں۔ کتاب لیلاوتی کی ترتیب
اس عنوان پر رکھی ہے۔ کہ اوّل سے آخر تک باپ
بیٹی سے سوال کرتا چلا گیا ہے۔ ہندوؤں کے ہاں
حساب میں کوئی کتاب اس سے بہتر نہیں اور نہ
اس سے زیادہ کسی کتاب کا رواج ہے۔ فاضل جلیل القدر
ڈاکٹر ہٹن صاحب کو اس کتاب کے ترجمہ کے کچھ اوراق
مل گئے تھے۔ وہ دیکھ کر اُنھوں نے اس کتاب کی نہایت

تعریف کی۔ فارسی میں اس کا ترجمہ فیضی نے اور انگریزی میں ڈاکٹر ٹیلر صاحب اور مسٹر کولبرگ صاحب نے کیا ہے +

کھونا

اس نام کی مشہور عورتیں دو ہوئی ہیں۔پہلی ورہمیر کی بیوی جوکہ راجا بکرماجیت کے دربار کا ایک رتن اور ہندوستان کے مشہور ہیئت دانوں میں گویا صدر انجمن تھا۔اس عورت کے اقوال ضرب المثل ہیں اور پتروں میں بھی لکھے جاتے ہیں۔اُن میں سے اکثر نجوم وہیت کے ایسے مسائل پر مشتمل ہیں۔جن سے یہ معلوم ہوتا ہے۔کہ ورہمیر کی بیوی نے اپنے خاوند کے علم سے بڑا فائدہ اُٹھایا تھا۔اور اس ہمنشینی کو رائگاں نہیں کھویا +

دوسری لچھمن سین کی بیوی جوکہ راجہ بلال سین فرمانروائے گوڑ کا بیٹا تھا۔اُس کا حال دو تین مشہور باتوں کے سوا اور کچھ معلوم نہیں۔کہتے ہیں۔کہ ایک بار راجا نے لچھمن سین کو کہیں کسی کام پر بھیج دیا۔کھونا کو خاوند کی جدائی نہایت شاق گذری رات دن اس کے دھیان میں لگی رہتی اور اُس کی یاد میں دم بدم ٹھنڈی سانسیں بھرتی اندر ہی اندر گھٹتی۔مگر دل کا حال کبھی زبان

پر نہ لاتی۔ جب اُس کو وہاں گئے ہوئے ایک مدت گزر گئی اور یہ جہاں تک ضبط کرنا تھا کر چکی۔ اب دل اُس کے قابو میں نہ رہا۔ اور تاب و طاقت اور صبر و تحمل سب نے جواب دے دیا۔ آخر ایک دن شرم و حجاب کو بالائے طاق رکھ کر رسوئی کے مکان میں جا چپکے سے دیوار پر ایک اشلوک لکھ آئی۔ اُس کا مضمون یہ تھا کہ "مینہ کی جھڑی لگ رہی ہے۔ اور مور اپنی موج میں آکر ناچ رہے ہیں۔ اب مجھ سے میری مصیبت کو یا موت ہٹائے یا میرا پیارا" لکھا ہے۔ کہ جب بلال سین رسوئی پر گیا اور یہ اشلوک اُس کی نظر پڑا دیکھتے ہی اُس کا دل بھر آیا۔ فوراً بیٹے کو یہ مضمون کسی پردے میں لکھ کر بلوا لیا۔ اس حکایت سے معلوم ہوتا ہے۔ کہ دسویں صدی مسیحی تک ہندوؤں میں عورتوں کو پڑھانے لکھانے کا رواج تھا +

سنجوگتا

قدیم زمانہ کی مشہور عورتوں کا حال جو ہمیں دستیاب ہوا لکھ چکے۔ اب زمانہ حال کی عورتوں کا تذکرہ لکھتے ہیں۔ اور یہ قدیم عورتوں کے حال کی نسبت زیادہ تر قابل اعتبار ہے۔ یہ سچ ہے۔ کہ بالمیک اور بیاس

جی نے جن مشہور عورتوں کا حال لکھا ہے۔ وہ درحقیقت صفحہ روزگار پر پیدا ہوئی تھیں۔ اور اُن کے نام محض فرضی اور خیالی نہیں ہیں۔ مگر شاعروں نے ایسے مبالغے کے ساتھ اُن کے حالات بیان کئے ہیں۔ جس سے اُن کے ہونے میں بھی شبہ پیدا ہوتا ہے۔ سیتنا اور سکنتلا کے حالات کو جو دونغم سے فروغ دیا گیا ہے۔ سنجوگتا کے حال میں وہ بات نہیں ہے۔ اس کا حال بھی ایک شاعر نے لکھا ہے۔ اور جب تک اُس کی نظم قائم ہے تب تک اس کا نام برقرار رہیگا۔ اگرچہ ہندو راماٗئن اور مہابھارت اور بھاگوت کے حالات کو اُسی قدر رغبت سے پڑھتے ہیں۔ جس قدر اہل فرنگ بائیبل اور اخباروں کی سیر کرتے ہیں۔ اور اُن کو یہ حالات یاد بھی ہیں۔ مگر وہ پرتھوی راج چوہان رس کتاب کے نام سے محض نا آشنا ہیں۔ اس کتاب کا مصنف چند تاریخی مضامین کو باندھنے والے شاعروں میں اخیر میں بڑا شاعر گزرا ہے۔ اس نے پرتھوی راج کا حال لکھا ہے۔ یہ راجا جس کو مسلمان مورخ پرتھی راج لکھتے ہیں۔ دہلی کا اخیر ہندو راجا تھا۔ "پرتھوی راج چوہان رس"۔ کے کئی کھنڈ (باب) ہیں ان میں سے قنوج کھنڈ میں سنجوگتا کی تاریخ ہے۔ رانی سنجوگتا قنوج کے اخیر راجا جے چند کی لڑکی تھی یہ ایسی حسین تھی۔ کہ شاعر مذکور نے اسے سری کا اوتار لکھا ہے۔ مگر اُس میں فقط یہی خوبی نہ تھی

بلکہ وہ حسن اخلاق اور نیکی اور پاک دامنی میں بھی اپنے زمانے کی عورتوں کے واسطے ایک کامل نمونہ تھی۔ جے چند اور پرتھی راج دونو راجپوت تھے۔ مگر ایک راٹھوروں کا سردار تھا اور دوسرا چوہانوں کا۔ اور ان دونو میں پرلے درجہ کی دشمنی تھی۔ جب پرتھی راج کی قسمت کا ستارہ بلند ہوا۔ تو اُس نے اسومیدھ جگ کیا اور جے چند نے اس کو اپنی سبکی سمجھ کر راجسو جگ کرنے کا ارادہ کیا جو اس راجا کے بعد کبھی ہندوستان میں نہیں ہوا۔ چند نے لکھا ہے کہ جگ کا کمرہ بڑے تزک اور احتشام کے ساتھ آراستہ تھا۔ دہلی کے راجا پرتھی راج اور میواڑ کے راجا سمرسی کے سوا ہندوستان کے تمام تاجور اُس میں جمع تھے۔ ان دونو راجاؤں نے اس جگ میں جو جے چند نے تفاخر کی راہ سے کرنا ٹھہرایا تھا شریک ہونے سے انکار کیا +

راجسو جگ میں سارے کام راجاؤں کو ہی کرنے پڑتے ہیں۔ جے چند نے سونے کے دو پتلے بنوا کر نصب کئے اور حقارت کی راہ سے پرتھی راج کی مورت کو دربان اور سمرسی کے پُتلے کو برتن مانجھنے والا قرار دیا۔ جے چند نے جگ کے بعد سنجوگتا کا سوئمبر بھی ٹھہرایا تھا۔ چنانچہ اس قرار داد کے موافق سنجوگتا کو مجلس میں لائے۔ چونکہ اس نے پرتھی راج کی جانبازیوں اور دلیریوں کا حال سُن رکھا

اور اُس کی الوالعزمیوں کے سبب دل و جان سے اُس پر فدا تھی۔ اس لئے اس نے اہل مجلس میں سے اور کسی راجا کی طرف رُخ نہ کیا۔ اور ہرچند جانتی تھی کہ جو بات میں کرتی ہوں اس سے میرا باپ بہت ناراض ہوگا۔ مگر اس نے بر مالا پرتھی راج کی مورت کے گلے میں ڈال دی۔ اور اپنے باپ کے اس جانی دشمن کو اپنا شوہر پسند کیا۔ پرتھی راج نے اس خبر کو سنتے ہی اس بات پر کمر باندھی کہ قنوج کی پری کو اس کے باپ کے گھر سے اُڑا لے جائے۔ چنانچہ اُس نے اپنا ارادہ پورا کیا۔ اور اپنے بہادر سرداروں کی مدد سے سنجوگتا کو اُس کے باپ کے گھر سے علانیہ لے گیا۔ دلی کے راستے میں پانچ روز تک برابر لڑائی ہوتی آئی مگر پرتھی راج نے اُس گوہر بے بہا کو ہاتھ سے نہ جانے دیا اور اپنی بہادری سے وہ نام پایا کہ صفحۂ دہر سے کبھی محو نہ ہوگا +

جب پرتھی راج سنجوگتا کو لے کر دہلی میں آیا۔ تو اُس کا جمال جہاں آرا دیکھ کر ایسا دام محبت میں اسیر ہُوا۔ کہ سلطنت کے کار و بار سے بالکل غافل ہو گیا۔ ایک سال سے زیادہ عرصے تک یہی حال رہا۔ مگر جس وقت ایک غیر ملک کا بادشاہ اسلام نئے لشکر کے ساتھ دہلی پر چڑھ کر آیا تب رانی نے دلفریبی کا جامہ چھوڑ کر مردانگی

کا جامہ پہنا۔ اور اپنے خاوند کو گرداب عیش سے نکال کر مرد بنایا اور اُس کو قسم دے کر کہا کہ میدان پیکار گرم کر۔ جس طرح ہوسکے اپنے ملک کو مسلمانوں کی اطاعت سے بچا۔ اور اگر کچھ نہ بن آئے تو جان پر کھیل جا کیونکہ نیک نام مرنے سے ہمیشہ تک آدمی زندہ رہتا ہے۔ اس چند روزہ ہستی کا کچھ خیال نہ کرنا چاہیئے۔ جا اور دشمن کو اپنی تلوار کے جوہر دکھا۔ بس دوسرے جنم میں تیری اردہانگی ہونگی +

جس بادشاہ کا اوپر ذکر ہوًا وہ محمد غوری تھا۔ جس کو دو برس پہلے تلاوڑی کے مقام پر پرتھی راج نے شکست دی تھی۔ مگر وہ اب نئی فوج لے کر پھر آیا اور گگر کے کنارے پر ڈیرے ڈال دئے دلی کا راجا جو ہندوؤں کا پشت پناہ تھا۔ خواب خرگوش سے جاگا اور رانی کی زبان سے یہ مردانہ باتیں سن کر اُسے جوش آیا۔ اس سے پہلے دلی کے اچھے اچھے سُورما بہادر تورانی کے لانے میں تصدق ہو چکے تھے۔ اس سبب سے اُس نے اور اطراف و جوانب کے جنگ آزماؤں اور سرداروں کو جمع کیا۔ اور میواڑ کے راجا کو جو اُس کا بہنوئی تھا۔ اپنی مدد کے واسطے بلایا۔ پہلے اس بات میں صلاح اور مشورے ہوئے کہ غنیم کا مقابلہ کس طرح سے کرنا چاہیئے۔ جب فوج جمع ہو گئی اور

کوچ کی طیاری ہوئی۔ اُس وقت سنجوگتا نے راجا کو اسلحہ جنگ پہنائے۔ ہندوؤں کے ہاں یہ دستور تھا۔ کہ جب کوئی لڑائی پر جاتا تھا تو اپنی رشتہ دار عورتوں سے رخصت ہوتا تھا۔ اور اُس موقع پر اس کی ماں بہن اور بیوی اور لڑکی سب اُس سے یہ کہتی تھیں۔ کہ مر جائیو۔ پر بھاگ کر نہ آئیو۔ جس سے ہماری جگ ہنسائی ہو۔ سنجوگتا کی اس وقت یہ صورت تھی۔ کہ ہاتھ سے تو راجا کو زرہ پہنا رہی تھی اور آنکھیں اُس کے دیدار میں محو تھیں جس وقت نقارہ پر چوٹ پڑی رانی کے دل پر وہ چوٹ لگی کہ اُسے کوس اجل سمجھی اور اُس کے دل میں بُرے بُرے وسواس پیدا ہوئے۔ جس وقت پرتھی راج رانی سے رخصت ہوکر رنجیت دروازہ میں سے سب سرداروں کا پیشوا بن کر چلا اُس وقت سنجوگتا کا دل ہل گیا۔ اور اُس نے باواز بلند یہ کہا کہ آج سے یوگنی پور یعنی دہلی میں ملنے کی اُمید منقطع ہوئی اب سرگ لوک میں ملینگے۔ حقیقت میں جو اُس کی زبان سے نکلا تھا سچ ہُوا۔ یعنی محمد غوری نے فتح پائی۔ اور پرتھی راج گرفتار ہوکر مارا گیا۔ سنجوگتا جس پر وہ جان دیتا تھا اپنے قول کی سچی نکلی۔ کیونکہ جس وقت اس نے سُنا کہ راجا کی یہ نوبت ہوئی اُسی دم اُس سے جنت میں ملنے کی اُمید پر ستی ہوگئی۔ جس روز سے پرتھی راج لڑائی پر گیا تھا۔

اس نے سوائے پانی کے ایک دانہ اناج کا زبان پر نہیں رکھا تھا۔ جو ریاضتیں سنجوگتا نے عالم مفارقت میں اختیار کی تھیں اُن کا حال چند نے ایک علیحدہ باب میں لکھا ہے۔ ہندوؤں کے ہاں جو ستیوں کے حالات لکھے ہوئے ہیں اُن میں معتبر حالات میں سے پہلا حال اس کا ہے۔ جو سیاح پرانی دلی کی سیر کو جاتے ہیں۔ وہ اب بھی سنجوگتا کے عہد کی بہت سی علامتیں دیکھتے ہیں۔ قلعہ کی فصیل جو اُس کے حسن و عزت کی محافظ تھی اور اس محل کے ستون جس میں وہ عیش و آرام کرتی تھی اس کی یاد دلانے کے لئے اب تک موجود ہیں +

کورم دیوی

کورم دیوی پٹن کے راجا کی بیٹی اور راجا سمرسی کی رانی تھی۔ جب یہ راجا گگر کی لڑائی میں مارا گیا۔ اور اُس کا خرد سال لڑکا مسند نشین ہوا۔ تو کورم دیوی اُس کی نابالغیت کے زمانے میں میواڑ کے راج کا بڑے عمدہ طور سے انتظام کرتی رہی۔ ایک مرتبہ امبر کے قریب محمدؐ غوری کے نائب قطب الدین سے اُس نے خود مقابلہ کیا تھا۔ جس سے ثابت ہے کہ وہ عورت مرد میدان بھی تھی +

پدمنی

راجپوتوں کی بہادری کے قصّوں میں بہت سی عورتوں کے ذکر آتے ہیں۔ ان میں پدمنی نہایت مشہور و معروف ہے۔ اُس کے حسن و جمال اور کمالات اور عروج اور زوال کا حال کئی زبانوں میں لکھا گیا ہے۔ اور لوگ اُس کو بہت شوق سے سُنتے ہیں۔ راجا ہمیر سنگ جو تیرھویں صدی مسیحی میں لنکا کا فرماں روا تھا۔ اس کا باپ تھا۔ اور چتوڑ کے راجا لکھمسی کا چچا بھیمسی جو راجا مذکور کی خرد سالی کے عہد میں چتوڑ کی سلطنت کا منتظم تھا اس کا شوہر تھا۔ ان دنوں میں ہندوستان اور لنکا کے راجاؤں میں باہم اکثر رشتے ناطے ہوتے تھے۔ پدمنی کے ساتھ اس کا چچا گوراہ اور چچیرا بھائی بادل بھی میواڑ میں آئے تھے۔ اس کے رہنے کا محل آج تک موجود ہے۔ یہ عمارت بڑی بلند ہے۔ اور اس میں گرڈ گچ بنے ہوئے ہیں اور ایک تالاب اُس کے نیچے واقع ہے +

۱۲۷۵ء میں دلی کا بادشاہ علاؤالدین چتوڑ کو فتح کرنے کے ارادے سے آیا۔ اس مضبوط قلعہ کا اس نے محاصرہ کیا۔ مگر وہ سر نہ ہُوا۔ اس بارے میں خلاف ہے۔ کہ اس محاصرہ کرنے سے اُس کی غرض کیا تھی۔ ہندو افسانہ نویس لکھتے ہیں۔ کہ اس محاصرہ کرنے سے اُس

کی غرض یہ تھی کہ پدمنی ہاتھ آئے۔ جب اُس نے دیکھا کہ شاہد مقصود کا ملنا ناممکن ہے۔ تب اس بات کا طالب ہُوا کہ پدمنی کو ایک نظر دیکھ لوں۔ چنانچہ یہ بات قرار پائی کہ پدمنی کا عکس آئینہ میں دیکھ کر چلا جائے۔ علاؤ الدین راجپوت راجا کے قول پر بھروسا کرکے چند سپاہیوں کے ساتھ چتوڑ میں گیا۔ اور اپنی آنکھیں سینک کر واپس چلا آیا۔ مسلمان مؤرخ کہتے ہیں کہ صرف ملک گیری کے لئے سلطان علاؤالدین نے فوج کشی کی اور میدان جنگ میں راجا کو گرفتار کرکے دلی لے آیا۔ غرض اس امر پر دونو کا اتفاق ہے کہ راجا گرفتار کر لیا گیا +

جب پدمنی نے یہ حال سنا۔ تو علاؤ الدین کے پاس پیغام بھیجا۔ کہ میں اپنی کنیزوں اور سہیلیوں کو ساتھ لے کر راجا کے دیکھنے کے لئے آنا چاہتی ہوں۔ علاؤالدین نے اس کو منظور کر لیا +

اس پیغام سے پدمنی کا مقصود حقیقت میں راجا کا دیکھنا نہیں تھا۔ بلکہ ایک چال تھی جو وہ اپنے چچا اور چچیرے بھائی کے مشورے سے چلی +

جس رتبے کی پدمنی تھی ویسا ہی اُس کا جلوس بھی ہونا چاہئے تھا۔ چنانچہ کوئی سات سو ڈولے پردے چھٹے ہوئے۔ خیمہ گاہ شاہی کو روانہ ہوئے ہر ایک ڈولے میں ایک سورما راجپوت سر سے پا تک مسلح بیٹھا ہوا تھا۔ اور چھ ہتھیار بند سپاہی

کہاروں کے بھیس میں ہر ایک ڈولے پر لگے ہوئے تھے۔ اسی حال سے یہ لشکر میں پہنچے۔ شاہی خیمے کے گرد قناتیں کھڑی ہوئی تھیں۔ وہاں جا کر ڈولے رکھ دئے گئے اور راجا کو رانی سے رخصت ہونے کے واسطے آدھ گھنٹے کی مہلت ملی۔ اور اس اثناء میں بھیمسی ایک اسپ صبا رفتار پر جو اس کے واسطے طیار تھا سوار ہوکر اُن جانبازوں کی آڑ میں جو اس کے چھڑانے کو آئے تھے داخل ہو گیا اور وہ جان پر کھیل کر اُسے نکال لے گئے +

علاؤ الدین نے راجپوتوں کے اس دھوکا دینے اور اُن کے ہاتھوں ایسا دھوکا کھانے کو اپنے مرتبہ شاہی کے خلاف سمجھا۔ اور ۱۳۰۲ء میں پھر آیا اور اس دفعہ بڑے زور شور کے ساتھ دھاوے کئے۔ میواڑ کے بہادروں نے جب دیکھا کہ اب شاہی فوج کے پنجے سے نہیں بچ سکتے تو جوہر کرنے کا ارادہ کیا اور ایک وسیع تہ خانہ میں آگ روشن کر کے ساری رانیوں اور اپنی بہو بیٹیوں کو کہ کئی ہزار تھیں۔ وہاں جلانے کو لے گئے۔ ان عورتوں میں سب سے پیچھے پدمنی تھی۔ غرض تمام عورتوں کو اس تہ خانہ میں بند کر کے دروازہ چن دیا۔ اور وہ سب وہاں جل کر خاک ہو گئیں +

کولا دیوی اور دیول دیوی

کولا دیوی اور دیول دیوی کے نام سے اکثر لوگ واقف ہیں کولا دیوی گجرات کے راجا کرن کی رانی تھی۔ اور ایسی حسین تھی۔ کہ ہندوستان میں یکتا گنی جاتی تھی۔ جب علاؤ الدین نے گجرات کے دارالخلافہ نہر والے کو تسخیر کیا۔ تو راجا بھاگ گیا۔ اور کولا دیوی قید ہوکر علاؤ الدین کے حرم سرا میں پہنچی۔ علاؤ الدین اُس کے حسن اور کمالات پر ایسا مفتون ہُوا۔ کہ سب تعلقات کو بالائے طاق رکھ کر اُسے اپنی ملکہ بنایا۔ کہتے ہیں۔ کہ جب کبھی علاؤ الدین کو کسی افسر ماتحت پر غصہ آتا تھا۔ اُس وقت یہ پری اُس پر افسون گری کرتی تھی۔ کہ اُس کا غصہ بالکل اُتر جاتا تھا۔ دیول دیوی کولا دیوی کی بیٹی تھی اور جیسی اُس کی ماں حسن و جمال میں اپنا جواب نہیں رکھتی تھی ایسی ہی یہ بھی یکتائے روزگار تھی۔ جب کولا دیوی قید اسلام میں پھنسی تو دیول دیوی شاہی فوج کے پنجے سے بچ کر نکل گئی۔ اور اپنے جلاوطن باپ کے سایۂ عاطفت میں رہا کی۔ ایک روز کولا دیوی نے علاؤ الدین سے یہ تمنّا ظاہر کی کہ میں اپنی بیٹی سے ملنا چاہتی ہوں۔ علاؤ الدین نے اُس کی خاطر فوراً اپنے ایک سپہ سالار کو فوج جرّار ہمراہ دے کر

بھیجا۔ کہ اُس نو بادۂ حسن و جمال کو دلی میں لے آئے۔ دیو گڑھ کے راجا رام دیو کا بیٹا جو ذات کا مرہٹہ تھا۔ مدت سے اُس امر کا خواستگار تھا۔ کہ میری بات اس کے ساتھ ٹھہر جائے۔ مگر دیول دیوی کے باپ نے کہ قوم کا راجپوت تھا اُس کو ذات کا ہیٹا سمجھ کر بیٹی دینے سے انکار کیا۔ جب علاؤ الدین کی فوج پہنچی تو اُس نے اپنی طبیعت پر جبر گوارا کرکے دیو گڑھ کے راجا کے بیٹے کے ساتھ اس کی شادی کرنی منظور کی۔ اور کچھ سوار حفاظت کے لئے ساتھ دے کر دیول دیوی کو دیو گڑھ کی طرف روانہ کیا۔ اثناء راہ میں شاہی فوج کے سپہ سالار نے انہیں آ لیا۔ اور شکست دینے کے بعد دیول دیوی کو گرفتار کرکے دربار شاہی میں پہنچایا اُس کے حسن دلربا کو دیکھ کر علاؤ الدین کا بڑا بیٹا خضر خاں ایسا فریفتہ ہُوا۔ کہ تھوڑے ہی عرصے بعد اُس نے اس کے ساتھ نکاح کر لیا۔ شادی ہونے پر بھی ان دونو میں عاشق معشوق کی سی محبت رہی۔ چنانچہ ان کے عشق کا ذکر امیر خسرو نے مثنوی خضر خانی و دیول دیوی رانی میں لکھا ہے۔ مگر یہ دولھا دلھن چند ہی سال خوشی سے بسر کرنے پائے تھے کہ کافور ناہنجار نے خضر خاں کی آنکھیں نکال کر ان کا عیش کافور کر دیا۔ علاؤ الدین کی وفات کے پانچ برس بعد ایک نو مسلم دہلی کے تخت پر جلوس فرما ہُوا۔ اس نے تمام سپاہ میں ہندو ہی ہندو بھرتی

کر دئے۔ اور ہندوؤں کی سلطنت پھر قائم کرنے کا ارادہ کیا۔ اس نے علاؤ الدین کے تمام خاندان کو مروا ڈالا۔ اور دیول دیوی کو اپنی حرم سرا میں داخل کیا۔ اس کے اس نئے شوہر کا خورشید اقبال چراغ سحری تھا۔ نہیں معلوم کہ پھر دیول دیوی کا انجام کیا ہوا+

میرا نبائی

مارواڑ کے راجپوتوں میں میرتا کا راٹھور سردار سب سے اول مرتبہ رکھتا تھا۔ میرا نبائی اس کی بیٹی اور چتوڑ کے رانا کمبھو کی رانی تھی۔ اور پندرھویں صدی کے وسط میں گزری ہے وہ اپنے زمانے کی عورتوں میں نہایت خوبصورت اور پارسا تھی۔ اس کی پارسائی کا شہرہ ایک جہاں میں پھیلا ہوا تھا۔ اس کا شوہر شاعر تھا اور وہ خود بھی شعر کہتی تھی اسی زمانے کے قریب بنگال میں ایک شاعر جے دیو گزرا ہے۔ جس کو گیتوں کی تصنیف میں بڑا ملکہ حاصل تھا۔ اس کی پستک جس کا نام گیت گوبند ہے اور جس میں کرشن کی تعریف ہے۔ ان دونو کی حرز جاں رہتی تھی۔ اور رانا نے اس میں کچھ اور اشلوک زیادہ کئے تھے۔ میرا نبائی کی تصنیفات سے بھی بہت سے گیت اور بھجن موجود ہیں۔ اور

کرشن کے ماننے والے انہیں بڑی رغبت سے پڑھتے ہیں اور اُن کی تعریف کرتے ہیں ۔ کہتے ہیں۔کہ اس کا کلام جے دیو کے کلام کے ہم پایہ ہے۔ میرابائی نے بڑے تیرتھ جاترا کئے تھے ۔ اور جمنا کے کنارے سے لے کر گجرات میں دوارکا تک جتنے کرشن کے مندر ہیں۔ اُن سب کے درشن کر آئی تھی +

مرگ نینا یعنی آہوچشم

اس عورت کا حال شاذ و نادر ہی کسی نے سُنا ہوگا ۔ یہ گوجر قوم کے ایک راجا کی بیٹی تھی۔ اور سولھویں صدی عیسوی کے آغاز میں اس کی شادی گوالیر کے راجا مان سنگھ کے ساتھ ہوئی تھی۔ کھڑک رائے جس نے شاہجہاں کے عہد میں گوالیر کی تاریخ لکھی تھی بیان کرتا ہے ۔کہ راجا مان کے دو سو رانیاں تھیں اور مرگ نینا اِن سب میں خوبصورت تھی ۔ گوالیر کے اس راجا کو گانے بجانے کا بڑا شوق تھا ۔ اور خصوصاً سنکیرن یعنی ملے ہوئے راگ اُس کو از بس پسند تھے۔ اور مرگ نینا کی طبیعت اس قسم کے راگوں میں خوب لڑتی تھی۔ موسیقی میں اس کی تصنیفات کے چار نمونے اب تک موجود ہیں اور اُس کے نام سے گوجری جمل

گوجری اور تل گوجری اور منگل گوجری کہلاتے ہیں۔ کہا جاتا ہے۔ کہ گوالیار میں تان سین کو اسی کے سحر کمال نے گوالیار کی بود و باش پر مجبور کر رکھا تھا۔ چنانچہ اس مشہور گویئے کی مٹی جس کے نام پر ہندوستان کے تمام گویئے کان پکڑتے ہیں۔ آخر کو وہیں کی خاک میں مل گئی +

تارابائی

جو شجاعت اور مردانگی خدائے تعالےٰ نے تارابائی اور اس کے شوہر پرتھی راج کو عطا فرمائی تھی۔ اس کی نظیر اس ملک کی تاریخ میں کم نکلیگی۔ یہ دونو سولھویں صدی مسیحی کے اوائل میں گزرے ہیں۔ اُن کا ذکر راجپوتوں کے اکثر گیتوں اور کڑکوں میں آتا ہے۔ ملک میواڑ کی حدود کے اندر اربلی پربت کے دامن میں شہر بدلوز واقع ہے۔ تارابائی کا باپ راؤ سُرتان قوم کا سولنکی وہاں کا فرمانروا تھا۔ اُس کے بزرگ کسی زمانے میں انھلوارہ کے راجا تھے۔ اور بلہار نام سے مشہور تھے۔ جب علاؤ الدین خلجی نے اُن پر غلبہ پایا اور اُن کو اُن کے ملک سے نکال دیا۔ تو وہ وسط ہند کی طرف آئے اور ٹونک ٹھوڈ اور اُس کے ارد گرد کی زمین پر جو دریائے بناس کے کنارے پر واقع تھی۔ قابض

ہو گئے۔ ٹونک ٹھوڈا کا ملک مدت سے ٹکون کے قبضے میں چلا آتا تھا۔ اور شاید انھیں نے اُس کو آباد کیا تھا۔ چنانچہ اسی سبب سے ٹھوڈا کو ٹکسالا نگر اور ٹنکٹ پور بھی کہتے تھے +

للا نام ایک افغان نے راؤ سُرتان سے ٹھوڈا چھین لیا اور پھر وہ بدنور میں آکر آباد ہُوا۔ اپنے خاندان کی قدیم عزت اور پھر پے در پے اُس کی مصیبتوں کا تصور جو تارا بائی کو بندھا تو اُس کے دل میں جوش آیا۔ زنانہ لباس ترک کرکے اور جو شغل عورتوں کو بھاتے ہیں اُن سے ہاتھ اُٹھا کر سپاہی بنی۔ گھوڑے کی سواری میں مشق بہم پہنچائی اور تیر اندازی میں وہ کمال پیدا کیا۔ کہ دوڑتے گھوڑے پر سے تیر چھوڑتی اور وہ نشانہ پر پورا بیٹھتا۔ جب یہ ساری باتیں آگئیں تو تیر و ترکش سنبھال اور کاٹھیا واڑ کے ایک باد رفتار گھوڑے پر سوار ہو اور بہت سے سپاہی اپنے ہمراہ لے ٹھوڈا چھڑانے چلی مگر کامیاب نہ ہوئی اس کے بعد رانا رائے مل کے بیٹے جیمل نے خود بدنور میں آکر اُس سے شادی کی درخواست کی۔ تارا نے کہا کہ پہلے ٹھوڈا کو دشمن کے ہاتھ سے چھڑا پھر میں تیرے ساتھ شادی کر لونگی۔ جیمل نے یہ شرط قبول کی مگر یہ سمجھ کر کہ ٹھوڈا کو میں ضرور فتح کر لونگا۔ شادی سے پہلے تارا بائی کے پاس آنے کا ارادہ کیا۔ تارا کے باپ کو یہ بات نہایت ناگوار گزری

اور اُس نے جیمل کو مار ڈالا۔ پھر جیمل کا بھائی پرتھی راج میدان میں آیا اور جو شرط جیمل نے کی تھی۔ اس کا ایفا اپنے ذمہ لیا۔ اس کی بہادری کا شہرہ پہلے ہی دور دور پہنچ چکا تھا اور یہ نام اُس پرتھی راج کی بہادری کے سبب جو ... ساتھ لڑائی میں مارا گیا تھا۔ اور جو جے چند راجا قنوج کی دختر جمیلہ سنجوگتا کو اس کے باپ کے ہاں سے لے آیا تھا۔ عورتوں کو بہت پیارا تھا۔ جب اس پرتھی راج میں بھی پرتھی راج چوہان کی سی بہادری اور اس کا سا عزم پایا گیا تو تارا نے اپنے باپ کی مرضی سے اس کے ساتھ شادی کر لی اور اُس کے صرف اس قدر اقرار پر اکتفا کیا۔ کہ اگر میں ٹھوڈا نہ چھڑا دوں تو راجپوت کا پوت نہیں۔ غرض جب محرم کے دن آئے۔ تو پرتھی راج نے ٹھوڈا پر چڑھائی کی تیاری کی اور پانسو چیدہ سوار اپنے ہمراہ لئے۔ تارا بائی اور پرتھی راج کا ایک وفادار رفیق سنگھم کا سردار بھی اُن کے ساتھ ہوا۔ جب یہ ٹھوڈا کے قریب پہنچے تو اُس وقت تعزیہ شہر کے چوک میں رکھا ہُوا تھا۔ پرتھی راج اور تارا بائی اور سنگھم کا سردار تینوں سواروں کو شہر کے باہر چھوڑ آپ اندر گئے اور تعزیئے کے ساتھ ہو لئے جب تعزیہ محل کے نیچے پہنچا۔ تو افغان برآمدے میں سے اُس کو دیکھ کر کپڑے پہننے لگا۔ کہ نیچے اُتر کر اُس کے ساتھ ہو۔ اتفاق سے اس کی نظر ان تینوں پر بھی پڑی۔ اور ابھی اتنی بات اس کے منہ سے نکلنے پائی تھی کہ یہ تینوں

اجنبی کون ہیں کہ پرتھی راج نے اپنا بھالا اس کی طرف پھینکا اور تارا نے اُسی وقت چلہ کھینچ کر ایک تیر چھوڑا۔ پٹھان جو تعزیہ کے ہمراہ جانے کی تیاری کر رہا تھا۔ خود تعزیہ بن گیا لوگ یہ حال دیکھ کر سخت حیران ہوئے اور پہلے اس سے کہ اُن کے ہوش بجا ہوں۔ یہ تینوں شہر کے دروازے کی طرف چلے۔ وہاں ایک ہاتھی اڑا ہوا تھا۔ تارا نے اپنی تلوار سے اس کی سونڈ کاٹ ڈالی۔ وہ ڈر کر بھاگا اور یہ تیر کی طرح شہر میں سے نکل کر اپنے لشکر میں آملے۔ پرتھی راج چودہ برس کی عمر سے تئیس برس کی عمر تک متواتر لڑائیاں لڑتا رہا۔ آخر کار اُس کے سالے نے کسی تحقیر کے سبب جو اُس نے کی تھی۔ مٹھائی میں اس کو زہر کھلا دیا۔ یہ مٹھائی اُس نے کوٹلور کے قریب کھائی تھی اور جب وہ بام دیوی کے مندر پر پہنچا۔ تو اس سے آگے نہ چلا گیا۔ یہاں سے اس نے تارا کو پیغام بھیجا کہ موت سر پر سوار ہے جو آنا ہو۔ تو آؤ اور مرنے والے کی صورت دیکھ جاؤ۔ مگر زہر ایسا قاتل تھا۔ کہ تارا کے آتے آتے اُس کا کام تمام ہوگیا تارا نے آتے ہی اُس کی لاش کو اپنی گود میں لیا اور چتا میں بیٹھ کر سورج لوک کو سدھاری۔ تارا بائی اور پرتھی راج کی راکھ ایک گھاٹی میں بام دیوی کے مندر کے سامنے دفن ہے +

رُوپ متی

اس طرف کے لوگ اس عورت کے نام سے بہت کم واقف ہیں۔ یہ ایک نہایت حسین اور صاحب جمال عورت تھی۔ اس پر زیادہ یہ کہ جتنی حسین تھی۔ اتنی ہی سگھڑ بھی تھی۔ اور شعر گوئی میں اس کو پورا دخل تھا۔ اُس کے حال میں قصے کا مزہ آتا ہے اور خوب ہو اگر کوئی شخص اُس کو اس طرح جمع کرے۔ کہ ایک نہایت دلچسپ قصہ بن جائے۔ ملک مالوہ میں اُجین سے پچپن میل شمال مشرق کی طرف کالی سندھ ندی کے کنارے پر ایک قدیم شہر سارنگپور نام آباد ہے۔ اور وہی روپ متی کا مولد ہے۔ اس کے حسب و نسب اور اوائل عمر کا حال کچھ معلوم نہیں ملکم صاحب لکھتے ہیں کہ یہ سارنگ پور کی ایک کلچنی تھی۔ اور جس قدر اس کی سگھڑائی اور دانش کا شہرہ تھا۔ اس قدر اس کے حسن کا نہ تھا۔ سولھویں صدی کے وسط میں میں باز بہادر نے ملک مالوے کو ایک مستقل ریاست بنا لیا اور آپ وہاں کا حاکم ہوا۔ یہ افغان سردار نوجوان اور دل چلا تھا۔ باز سے شکار کرنے کا اس کو بڑا شوق تھا اور علم موسیقی کا ذوق بھی از بس رکھتا تھا۔ روپ متی کے حسن اور اس کی خوبیوں نے اس پر ایسا سحر کیا کہ اس کو اس نے

اپنی بی بی بنا لیا۔ عشق کے پھندے میں ایسا پھنسا کہ ریاست کے سارے کاروبار دل سے بھلا دئیے۔ روپ متی کو اپنے بادشاہ کی حرم سرا میں جانے اور اس کو پری خانہ بنانے میں کچھ عذر نہ ہوا۔ باز بہادر نے مانڈو میں روپ متی کی سکونت کے واسطے جو عالیشان محل بنوایا تھا۔ اُس کے آثار اب تک باقی ہیں۔ اور اُن کے دیکھنے سے یہ خیال میں آ سکتا ہے کہ باز بہادر کا دل اُس پر کس قدر آیا ہوا تھا۔ جیسا عشق ان دونو کا تھا۔ اور جو محبت ایک دوسرے کی ان کے دلوں میں جوش زن تھی۔ اُس کی نظیر تاریخ میں شاذ و نادر ہی مل سکتی ہے۔ دونو کی چڑھتی جوانی تھی۔ شوق روز بروز ترقی پر تھا۔ ایک دوسرے کو دیکھ کر جیتا تھا۔ اور دونو یہ سمجھے ہوئے تھے کہ اسی عشرت میں زندگی گزر جائیگی دن شکار میں کٹتا رات کو شعر و غزل اور گانے بجانے کا شغل رہتا۔ سات برس اسی عیش میں گزر گئے۔ مگر اس عرصے کے بعد ۱۵۶۰ء میں اکبر نے آدم خاں کے زیر حکم ایک لشکر جرار مالوے کی تسخیر کو روانہ کیا باز بہادر نے بھی جب دشمن کی آمد کی خبر سُنی تو اُس کے مقابلے کے لئے سارنگ پور کے باہر فوجیں جمع کیں۔ لیکن سپاہ نے اُس کے ساتھ دغا کی اور اس کا ساتھ چھوڑ کر چلی گئی۔ پس باز بہادر کو بھاگنا پڑا اور شہر پر بے لڑے بھڑے آدم خاں کا قبضہ ہوگیا باز بہادر کا خزانہ شاہی جلوس ہاتھی گھوڑے پالکی نالکی اور

حرم سرا کی بی بیاں سب چیزیں اس کے ہاتھ آئیں۔
اس امر میں کہ آخر کو روپ متی کس طرح مری۔ مختلف روائتیں ہیں۔ مگر اس پر سب کا اتفاق ہے۔ کہ اس نے اپنے تئیں آپ ہلاک کر ڈالا اور آدم خاں کے ہاتھ نہ آئی۔ ایک روایت یہ ہے کہ لڑائی سے پہلے حرم سرا کی عورتوں کو باز بہادر نے شہر سارنگ پور میں رکھا تھا اور یہ حکم دے دیا تھا کہ اگر میری شکست ہو تو یہ سب قتل کی جائیں۔ اس حکم کے موافق اس کے بھاگ جانے کے بعد کچھ سپاہی ننگی تلواریں لے کر محل میں گئے اور روپ متی اور اور عورتوں کو ہلاک کر ڈالا۔ آدم خان جو روپ متی کے حسن اور اُس کی خوبیوں کا حال سُن چکا تھا اور اس کے گرفتار کرنے کا اس کو کمال اشتیاق تھا۔ جب اُس کو یہ خبر پہنچی تو یقین نہ آیا اور اُس نے خود اپنے آدمی اس بات کی تحقیق کرنے کے واسطے بھیجے۔ یہ لوگ جو وہاں پہنچے تو دیکھا کہ حقیقت میں ساری عورتیں ہلاک کر دی گئیں ہیں۔ مگر روپ متی کی لاش کی جو تلاش کی تو اُس کو زندہ پایا۔ فوراً جراح بلوائے گئے۔ کہ زخموں کی مرہم پٹی کریں۔ مگر اُس نے جراحوں کو اُس وقت مرہم پٹی کی اجازت دی جب آدم خاں نے یہ اقرار کر لیا کہ ہم تجھ کو باز بہادر کے پاس بھجوا دینگے جب زخم اچھے ہوئے تو اس کو معلوم ہُوا کہ آدم خاں کا ارادہ یہ ہے کہ اُس کو اپنے پاس رکھے۔ جب اُس

نے اپنے آپ کو اس قید میں پھنسا پایا اور نجات کی کوئی صورت نہ دیکھی تو بظاہر اُس کے پاس رہنے کو راضی ہوگئی۔ مگر موقع پا کر زہر کھا لیا۔ دوسری روایت یہ ہے۔ کہ اُس نے زہر نہیں کھایا۔ بلکہ خنجر سے اپنا گلا کاٹ لیا۔ اس باب میں سب سے زیادہ معتبر بیان خوافی خاں کا ہے۔ یہ مورخ لکھتا ہے کہ جب باز بہادر بھاگ گیا تو روپ متی آدم خاں کے ہاتھ آ گئی۔ آدم خاں نے اُس سے اپنے پاس رہنے کی خواہش کی۔ اور جب منت سماجت سے کام نکلتا نہ دیکھا۔ تو دھمکیوں سے ڈرایا۔ روپ متی نے جب دیکھا۔ کہ یہ ظالم میرے ناموس کے درپے ہے اور اس کی نیت خراب ہے۔ اور اس کی قید سے نکلنا کسی طرح ممکن نہیں تو یہ چال چلی کہ ملاقات کا وقت مقرر کیا اور بہت سا سنگار کرکے اور عمدہ سے عمدہ جوڑا پہن کر اور عطر بدن کو مل کر چادر تان پلنگ پر پڑ رہی۔ لونڈیوں نے جانا کہ بی بی سوتی ہے۔ جب آدم خاں آیا تو اُس کو جگانے چلیں۔ مگر پلنگ پر جو ہاتھ ڈالا۔ تو معلوم ہوا کہ بی بی بالکل مردہ ہے۔ اور زہر کھا کر مر گئی ہے۔ خیر وہ زہر کھا کر مری ہو یا کٹاری کھا کر۔ بہر حال یہ بات ثابت ہے۔ کہ وہ بڑی ہمت والی عورت تھی اور اُس کو اپنی عزت کا بڑا پاس تھا۔ روپ متی کے بنائے ہوئے گیت مالوہ میں اکثر گائے جاتے ہیں۔ اور اگرچہ وہ کسی کتاب میں

مندرج نہیں۔ مگر عوام کے ورد زبان ہیں۔ اکثر گویوں کو یہ گیت یاد ہیں۔ مگر وہ یہ نہیں جانتے کہ اُن کا بنانے والا کون ہے اور کیونکر بنے ہیں۔ یہ گیت ملوہ کی ہندی زبان میں ہیں اور سیدھے سیدھے اور بے تکلف طور پر اُن سے درد دل کا اظہار ہوتا ہے +

درگاوتی

یہ مشہور عورت روپ متی کی ہمعصر تھی۔ اور بندھیل کھنڈ کے قدیم دارالسلطنت مھوبا کے راجا چندیل کی بیٹی تھی۔ اس کے حسن اور خوبیوں کا بڑا شہرہ تھا۔ گڑھا منڈلا جو اب سرکار انگلشیہ کی عملداری میں شامل اور قسمت ساگر و نربدا میں واقع ہے۔ وہاں کے راجا نے جو قوم کا گونڈ تھا اُس کے ساتھ شادی کی خواستگاری کی۔ چونکہ چندیل راجپوت تھا اور اپنے نسب کا اُسے بڑا فخر تھا۔ اس واسطے گونڈ کے ساتھ رشتہ کرنے میں اُس کو یہ اندیشہ ہوا کہ میں اپنی برادری میں حقیر اور ذلیل ہو جاؤنگا۔ اور برادری کے لوگوں کو کیا جواب دونگا۔ اسلئے اپنی عزت بچانے کے واسطے اُس نے گونڈ کے راجا سے یہ کہلا بھیجا۔ کہ بیٹی تو میں تم کو دیتا ہوں۔ مگر اس شرط پر کہ پچاس ہزار مسلح سپاہ اپنے ساتھ

لے کر بیاہنے آؤ۔ اُس وقت گونڈ وانہ کے راجا ایسے کمزور اور کم استطاعت نہ تھے۔ جیسے آخر میں مرہٹوں کے حملوں سے ہو گئے۔ اُس وقت گرڈھا منڈلا کا راجا بڑے زبردست راجاؤں میں سے تھا۔ چنانچہ اُس نے شادی کی شرط کو پورا کیا۔ اور درگاوتی کو بیاہ کر اپنے ملک میں لے گیا۔ سسرال میں آکر اس عورت نے وہ نام حاصل کیا۔ کہ وہاں کے کسی راجا کو نصیب نہیں ہوا۔ شہر گرڈھا دریائے نربدا کے دائیں ساحل پر جبل پور سے پانچ میل جنوب کی طرف واقع ہے اور بمبئی کے جانے والے یہیں سے دریائے نربدا کو عبور کر کے دکن میں داخل ہوتے ہیں۔ گھاٹ جو یہاں بنا ہوا ہے۔ وہ پتھر کے پانچ زینے ہیں۔ جن کے اوپر کئی چھوٹے چھوٹے مندر واقع ہیں۔ سولھویں صدی کے وسط میں گرڈھا منڈلا کی ریاست تین سو میل لمبی اور سو میل چوڑی تھی۔ اور ملک بہت پُر رونق اور مرفع الحال تھا۔ کہتے ہیں۔ کہ اُس وقت اس ریاست میں ستر ہزار قصبے اور گاؤں آباد تھے اور غیر کی عملداری وہاں کبھی نہ ہوئی تھی۔ مگر اب جو لوگ اُس ملک میں سے گزرتے ہیں۔ اُن کو اس رونق کے کچھ آثار نظر نہیں آتے۔ اور وہ ابو الفضل کے اس قول کو کہ تمام کا ملک ایک جنگلی بن ہے سچ مان لیتے ہیں۔ خیر کچھ ہی ہو۔ مگر یہ مشہور ہے۔ کہ ۱۵۶۴ء میں اکبر کے ایک امیر آصف خاں نے اس ملک

پر فوج کشی کی۔ درگاوتی کا خاوند اُس وقت مر چکا تھا اور بیٹا نابالغ تھا۔ اس واسطے خود ہی پندرہ سو ہاتھی اور آٹھ ہزار سوار اور کچھ پیادے لیکر آصف خاں کے مقابلہ کو گئی۔ اُس وقت اس کے بدن پر زرہ اور سر پر خود تھا۔ جس ہاتھی پر سوار تھی اُس کے ہودے میں کمان اور ترکش برابر دھرے تھے اور ایک آبدار بھالا اُس کے ہاتھ میں تھا۔ سپاہ نے جب رانی کی یہ مردانگی دیکھی اور غیر قوموں کی حکومت سے اپنے ملک کے بچانے کا خیال اُن کے دلوں میں جوش زن ہؤا۔ تو ہر شخص جی توڑ کر لڑنے لگا۔ آصف خاں کی فوج میں توپ خانہ بھی تھا۔ درگاوتی اُس کے روکنے کے واسطے پہاڑ پر ایک تنگ گھاٹی میں آ موجود ہوئی۔ مگر آصف خاں کی توپوں کی مار نے اُسے وہاں ٹھیرنے نہ دیا۔ جب آصف خاں کی سپاہ گھاٹی سے گزر کر دوسری طرف پہنچی۔ تو دیکھا کہ رانی کی سپاہ ایک میدان میں صف بستہ کھڑی ہے۔ رانی کے بیٹے کنور بیار نے جو بڑا ہونہار تھا مغلوں پر دو حملے کئے۔ مگر تیسرے حملے میں اس کو ایسا کاری زخم لگا کہ خون نکلتے نکلتے جان کنی کی حالت ہوگئی۔ یہ حال دیکھ کر رانی نے حکم دیا۔ کہ اس کو پیچھے لے جاؤ۔ بہت سے بزدل جو پہلے ہی میدان جنگ سے ہٹنے کا ارادہ کر رہے تھے انہوں نے یہ موقع غنیمت جانا اور کنور کے ساتھ میدان

سے بھاگ گئے اور صرف تین سو آدمی رانی کے ساتھ رہ گئے۔
رانی اب بھی ہراساں نہ ہوئی اور میدان جنگ میں جمی
رہی۔ انجام کار اُس کی آنکھ میں ایک تیر آکر لگا۔ اور
جب اُس کو اُس نے کھینچ کر نکالا تو پیکاں کا ایک
ٹکڑا ٹوٹ کر آنکھ میں رہ گیا۔ اُس کے بعد ایک اور
تیر اُس کی گردن میں آکر لگا اُس کو بھی رانی نے
کھینچ کر نکال لیا مگر تکلیف ایسی ہوئی کہ آنکھوں کے
آگے اندھیرا آگیا اور ہودے پر کبھی اِدھر اور کبھی اُدھر
گرنے لگی۔ یہ حال دیکھ کر ایک معتبر ملازم نے عرض
کی کہ اگر حضور کی اجازت ہو۔ تو ہم میدان جنگ سے
آپ کو ہٹا لے چلیں۔ رانی نے جواب دیا کہ ہرچند
ہم مغلوب ہوگئے ہیں۔ لیکن کبھی داغ بد نامی نہ
لینگے۔ چند روز کی زندگی کے واسطے جو ذلت کے
ساتھ بسر ہو ہم اُس نام آوری اور عزت کو جو بڑی
جانفشانی سے ہم نے حاصل کی ہے کبھی نہ مٹائینگے۔
میں نے جو تم کو عزت بخشی ہے۔ اب صرف ایک
خدمت اُس کے عوض میں تم سے چاہتی ہوں۔
یعنی تم مجھے خود کشی کے جرم سے بچاؤ اور اپنے
خنجر سے میرا کام تمام کر دو۔ یہ بات سُن کر افسر
رو دیا اور کہا کہ ہاتھی تیز رفتار ہے۔ اب بھی اجازت
دیجئے کہ آپ کو میدان جنگ سے لے جائیں۔ رانی
یہ دیکھ کر کہ دشمن چاروں طرف سے گھیرے چلا آتا
ہے آگے کو جھکی اور گرفتار ہو جانے کے اندیشہ سے

افسر کی کٹاری لے کر اپنے سینہ میں مار لی۔ عورت کی یہ بہادری دیکھ کر چھ سرداروں کو ایسی غیرت آئی کہ وہ میدان جنگ سے نہ ہٹے اور اپنی رانی کی موت کے انتقام میں اپنی جانیں قربان کیں +

کرنیل سلیمن صاحب لکھتے ہیں کہ درگاوتی کی سمادھ اب تک اُس درے میں جہاں وہ مری تھی موجود ہے اور اُس کے دونو طرف دو بڑے بڑے گول پتھر رکھے ہوئے ہیں۔ جن کو عوام اُس کے نقارے بتاتے ہیں۔ اور یہ کہتے ہیں کہ یہ وہی نقارے ہیں جو پتھر کی صورت میں مبدل ہوگئے ہیں۔ اُن کا یہ اعتقاد ہے کہ اب بھی رات کے وقت اُن نقاروں کی صدا جنگل میں گونجتی ہے۔ اور اُن کی آواز سے رانی اپنی سپاہ کی روحوں کو اپنے پاس بلاتی ہے۔ اُس نواح میں سنگ بلور کے سینکڑوں ٹکڑے پڑے ہیں۔ جو مسافر اُس راہ سے گزرتا ہے۔ وہ ایک ٹکڑا اُٹھا کر اُس کی قبر پر رکھ دیتا ہے۔ وہی صاحب کہتے ہیں۔ کہ درگاوتی کے حال نے میرے دل میں ایسا اثر کیا کہ جب میں اُس جگہ پہنچا تو مجھ سے یہ نہ ہو سکا۔ کہ پتھر اُٹھا کر اُس کی قبر پر نہ رکھوں

جودہ بائی

یہ مشہور عورت مارواڑ یعنی جودھ پور کے راجا مالدیو

کی بیٹی اور اُودے سنگھ کی بہن تھی۔ اور اُودے سنگھ نے اُس کی شادی اکبر کے ساتھ کر کے خاندان شاہی سے اس قدر اخلاص اور ارتباط پیدا کیا کہ اس کے باپ پر جو بادشاہ کا عتاب تھا صرف وہی رفع نہیں ہوا بلکہ وہ خود اس قدر مورد الطاف و مرحمت شاہی ہوا کہ جودھپور کی ریاست کو بڑی وسعت اور شوکت حاصل ہوئی۔ یہ عقد ۱۵۶۹ء میں ہوا تھا۔ چونکہ اس سے پہلے مسلمانوں کے ساتھ رشتہ کر کے ہندوؤں نے اپنی قوم کو دھبا نہیں لگایا تھا۔ اس واسطے اس وقت سب لوگ اُس کو مکروہ جانتے تھے۔ جودھ بائی صورت اور سیرت پسندیدہ رکھتی تھی۔ اس سبب سے حرم سرائے شاہی میں سب کو عزیز ہوئی۔ شادی ہونے سے تھوڑی مدت بعد وہ بادشاہ کے ہمراہ خواجہ معین الدین چشتی کے مزار کی زیارت کے واسطے اجمیر تک پیادہ پا گئی۔ یہاں جانے سے غرض یہ تھی کہ خواجہ کی دعا سے اولاد پیدا ہو۔ بادشاہ اور بیگم ہر روز تین کوس کی منزل طے کرتے تھے۔ چونکہ بیگم پردہ نشین تھی۔ اس لئے سڑک پر دونو طرف قناتیں کھڑی کرا دی جاتی تھیں اور تین کوس تک برابر قالینوں کا فرش ہو جاتا تھا۔ ہر منزل پر اس غرض سے کہ منزلوں کے نشان معلوم رہیں۔ پکی اینٹوں کے بلند منارے بنوا دئے جاتے تھے۔ اس طرح وہ سفر کرتی ہوئی اجمیر میں پہنچی۔ وہاں پہنچ کر بادشاہ نے خواجہ معین کی قبر پر جا کر دعا مانگی۔ رات کے وقت

وہ بادشاہ کو خواب میں نظر آئے اور یہ ہدایت کی۔ کہ فتح پور سیکری میں جو بزرگ ہیں اُن سے مدد چاہو یہ بزرگ شیخ سلیم تھے۔ بادشاہ مراجعت کرکے اُن کی خدمت میں آیا۔ اُنہوں نے بشارت دی کہ جودھ بائی سے تیرے ہاں ایک لڑکا پیدا ہوگا اور اپنی عمر طبعی کو پہنچیگا۔ اتفاق سے انہیں دنوں بیگم کو حمل رہ گیا۔ اور جب تک لڑکا پیدا نہ ہوا۔ وہ شیخ کی مسجد کے پاس ایک جھونپڑی میں رہا کی۔ جب لڑکا پیدا ہُوا تو شیخ کے نام کی برکت کے خیال سے اس کا نام مرزا سلیم رکھا گیا مگر اُس نے تخت نشین ہو کر اپنا نام جہانگیر رکھا۔ فتح پور سیکری میں شیخ سلیم کی مسجد کے پاس اب تک بھی ایک کھپریل پڑی ہوئی ہے۔ لوگ کہتے ہیں۔ کہ جہانگیر یہیں پیدا ہُوا تھا +

اکبر نے ہندوؤں کے ساتھ رشتہ کرنے سے یہ ڈھنگ ڈالا تھا۔ کہ مسلمانوں اور ہندوؤں میں اتحاد پیدا ہو جائے +

جودھ بائی کی وفات کا سال معلوم نہیں۔ مگر ٹوڈ صاحب کی تحریر سے جو ذیل میں نقل کی جاتی ہے معلوم ہوتا ہے۔ کہ احمد نگر کی تسخیر کے بعد جو ۱۶۰۰ء میں ہوئی اُس نے وفات پائی۔ جبکہ جودھ بائی نے دنیا سے رحلت کی تو اکبر نے تمام امرا اور ارکان سلطنت کو ماتم کا حکم دیا اور بنظر اس بات

کے کہ سب اپنے آقا کے غم میں شریک ہوں۔ فرمان نافذ کیا کہ سب اپنی ڈاڑھی موچھیں منڈا ڈالیں۔ اس حکم کی تعمیل کے واسطے جابجا بادشاہی حجام بھیجے گئے۔ کچھ حجام ہرا کے علاقے میں بھی پہنچے۔ وہاں کے راجا نے انہیں زد و کوب کرکے اور گالیاں دے کر نکلوا دیا۔ ہرا کے راجا راؤ بھوج کے دشمنوں نے موقع پا کر اکبر کو بھڑکایا اور اس سے کہا کہ راؤ نے فقط حجاموں ہی کی بے عزتی نہیں کی بلکہ جودھ بائی کے حق میں بھی ایسے کلمات کہے ہیں جو شایاں نہ تھے۔ اکبر نے اس راجا کی ان خدمات پر جو اس نے گجرات اور احمد نگر میں کی تھیں کچھ خیال نہ کیا۔ اور حکم دے دیا۔ کہ راؤ بھوج کی مشکیں باندھ کر اس کی موچھیں مونڈ ڈالو۔ مگر اس کی موچھیں مونڈنی شیر کی موچھیں مونڈنی تھیں۔ ہرا کی تمام خلقت ہتھیار لے کر کھڑی ہو گئی اور فوج میں ایک ہنگامہ برپا ہو گیا۔ اور اگر اکبر اپنی حرکت سے پشیمان ہو کر بوندی کی طرف وقت پر نہ جا پہنچتا تو خون کے دریا بہ جاتے۔ وہاں پہنچ کر اکبر نے ہرا والوں کی مردانگی پر بڑی آفرین کی اور راؤ کے ساتھ گفتگو کرنے کو ہاتھی پر سے اتر پڑا۔ راؤ نے بڑی دانائی کے ساتھ اپنے باپ کے حقوق کی نسبت تقریر کرکے یہ کہا۔ کہ ہم سور کا گوشت کھانے والے کب اس لائق ہیں۔ کہ رانی کے غم میں موچھیں منڈوائیں۔ اکبر نے راؤ کا اتنا ہی کہنا غنیمت

سمجھ کر اس کو اپنے گلے سے لگا لیا۔ اور اپنے ساتھ اپنے لشکر میں اُسے لے آیا۔ جودھ بائی کی یادگار کے واسطے اکبر نے اُس کی عالیشان لحد پر ایک عمدہ مقبرہ بنوایا۔ تیس برس پہلے تو یہ مقبرہ آگرہ میں چاند ماری کے میدان میں موجود تھا۔ مگر اُس کے پیچھے گورنمنٹ نے پہلے تو اُس مقبرے کے دروازے اُتار کر بیچ دئے۔ اور پھر جو یہاں سرنگ اُڑانے کی مشق شروع ہوئی۔ تو اینٹ سے اینٹ بج گئی +

اہلیا بائی

ہندو عورتوں میں جس قدر اہلیا بائی ناموری کی مستحق ہوئی ہے۔ ایسی کوئی عورت نہیں ہوئی۔ اُس کے اوصاف حمیدہ ایسے تھے۔ کہ جس زمانے اور جس ملک میں وہ ہوتی اُسی کا فخر تھی۔ اس میں شک نہیں کہ ہندوؤں کے نزدیک سیتا اور سکنتلا اور دروپدی بڑے درجے کی عورتیں گزری ہیں۔ مگر حق یہ ہے۔ کہ اُن کا شہرہ زیادہ تر اس سبب سے ہوا ہے۔ کہ شاعروں نے اُن کے قصے نظم کئے ہیں اور کتھاؤں میں اُن کے حالات کا چرچا رہتا ہے۔ یہ مرہٹی رانی جو اٹھارھویں صدی کے بیچ میں ملہار راؤ ہلکر کی بنائی ہوئی ریاست پر تیس برس تک حکمراں رہی۔ اگر اس

کے حالات بھی دیوتاؤں کے حالات کی ذیل میں درج
ہوتے تو یہ بھی ویسی ہی شہرت پاتی۔ باوجودیکہ اُس
کو اس دنیا سے انتقال کئے ہوئے تخمیناً ۵۰ برس کا
کا عرصہ ہوا۔ مگر آج تک اُس کی قوم میں سے
کسی کو یہ توفیق نہ ہوئی کہ اس کا حال قلمبند کرتا۔
اس کے ہموطن تو اس کی داد کو نہ پہنچے۔ مگر ایک
اجنبی اور غیر ملک کے صاحب نے جو اس کے ہمعصر
تھے اُس کے ساتھ یہ سلوک کیا کہ اُس کے حالات
تحریر کرکے ہندوؤں کی ممتاز عورتوں میں اُسے داخل
کر دیا +

اہلیا بائی ۱۷۳۵ء میں پیدا ہوئی تھی۔ اُس کے
بزرگوں کا حال صرف اتنا ہی معلوم ہے کہ وہ سیندھیا
کے خاندان میں سے تھی۔ اہلیا میانہ اندام اور سبزرنگ
اور اکہرے بدن کی عورت تھی۔ اور اس درجے کا حسن
نہ رکھتی تھی۔ جس قدر عورتیں بیان کرتی ہیں۔ انتنا بائی
رگھوبا کی بی بی اور باجے راؤ پیشوا کی ماں کو جو نہایت
حسین اور بدخو عورت تھی اس کا شہرہ سن کر دل
میں رشک پیدا ہوا۔ اس لئے اس نے ایک اپنی سہیلی
اُس کی صورت دیکھنے کے لئے بھیجی۔ جس وقت یہ
عورت یہاں سے پھری تو اُس نے بیان کیا۔ کہ
اگرچہ اہلیا کچھ قبول صورت نہیں مگر اس کے چہرے
پر ایک جلال برستا ہے۔ اُس وقت انتنا بائی نے
خوش ہوکر کہا کہ تم بھی یہی کہتی ہو کہ وہ خوبصورت

نہیں۔ سہیلی نے یہ سن کر جواب دیا۔ اگرچہ اُس کا حسن ایسا نہیں کہ خواہ مخواہ آدمی کا دل اُس پر آئے۔ مگر رنگ کھلا ہُوا اور نقشہ اچھا ہے اور اُس کے چہرے سے نیکی کے آثار ٹپکتے ہیں۔ جو اُس کے ہر کام میں ظاہر ہوتی ہے۔ گو وہ چنداں خوبصورت نہیں۔ مگر خدا نے اُس کو وہ فہم اور ادراک اور ہمت عالی اور ایسی صفات حمیدہ عطا کی ہیں کہ اُس کے آگے حسن ظاہری کچھ حقیقت نہیں رکھتا +

اگرچہ یہ بات کسی نے صاف نہیں لکھی کہ اُس نے اوائل عمر میں کچھ لکھنا پڑھنا سیکھا تھا یا نہیں۔ مگر قیاس یہی چاہتا ہے کہ سیکھا ہوگا۔ کیونکہ جو باتیں اُس کو حاصل تھیں وہ علم ہی کی بدولت ہوسکتی ہیں پُران جن میں راج نیت کی باتیں اور عمدہ عمدہ حالات مذہب کے مندرج ہیں اکثر اُس کے مطالعے میں رہتے تھے۔ جتنے پکے ہندو ہیں سب اس بات کا عقیدہ رکھتے ہیں۔ کہ راماین اور مہابھارت کے پڑھنے اور اُن کی کتھا سننے سے انسان کو دنیا میں چین اور عقبےٰ میں خوشی حاصل ہوتی ہے۔ مفلسوں کو دولت اور بانجھ عورتوں کو اولاد ملتی ہے +

کنڈی راؤ جو ملہار راؤ ہلکر کا اکلوتا بیٹا تھا اُس کے ساتھ اہلیا بائی کی شادی ہوئی تھی۔ مگر بیس برس کی عمر سے پہلے ہی یہ رانڈ ہوگئی اور اُس کا خاوند اپنے باپ کے سامنے اس دنیا سے انتقال کر گیا ا۔

ایک لڑکا رتی راؤ نام اور ایک لڑکی متچا بائی نام اُس کی یادگار رہے۔ زمین کپڑے جن کے پہننے کا شمالی ہندوستان اور دکن کی طرف بہت رواج ہے اپنے خاوند کی وفات کے بعد اُس نے ترک کر دئے تھے۔ اور ہندوستان کی بیوہ عورتوں کی طرح سفید کپڑے پہننے اختیار کئے اور گوٹہ کناری اور زیور سب کچھ چھوڑ دیا تھا۔ صرف ایک چھوٹا سا ہار پہنتی تھی۔ باوجودیکہ خدا نے سب سامان تکلف کا دے رکھا تھا۔ مگر اس نے اپنا لباس اور خو نہ بدلی۔ ملہار راؤ کی وفات کے بعد اُس کا پوتا ملی راؤ مسند نشین ہوا۔ مگر نو مہینے تک خفقان میں مبتلا رہ کر اُس نے وفات پائی۔ چونکہ اُس کی بیٹی کی شادی اور خاندان میں ہوئی تھی اور اُس کو ورثہ نہ پہنچتا تھا۔ اس لئے بیٹے کی وفات کے بعد دھرم شاستر کی رو سے اہلیا بائی سلطنت کی وارث ہوئی۔ لیکن گنگا دھر جسونت جو ملہار راؤ کا وزیر تھا اُس نے چاہا کہ ہلکر کے خاندان میں سے کوئی گود لیا جائے۔ مگر اہلیا بائی نے یہی کہا۔ کہ مسند نشینی کا حق قطعاً میرا ہے۔ کیونکہ میرا خاوند اور بیٹا دونو اسی خاندان سے ہوئے ہیں۔ اور کچھ ہی کیوں نہ ہو جائے میں اپنے دعوے سے کبھی دست بردار نہ ہونگی۔ سب سردار اور سپاہی اُس کی کمک پر تھے۔ اور انھوں نے راگوبا کو جو پیشوا کا چچا اور اُس کی فوج کا سپہ سالار تھا کچھ طمع دے کر اہلیا بائی کے

بر خلاف اُکسایا۔ اہلیا بائی نے راگوبا کو تو شکایت آمیز باتیں لکھ کر یہ لکھا کہ عورت سے لڑنے میں تجھے ذلت کے سوا اور کیا حاصل ہو سکتا ہے اور بجائے خود لڑنے کا سامان کیا اور حکم دیا کہ میرے ہاتھی کے ہودے کے چاروں کونوں میں چار کمانیں اور تیروں کے ترکش رکھ دو۔ میں خود سپاہ لے کر لڑنے جاتی ہوں۔ سیندھیا۔ بھونسلا اور اور سرداروں کی شان اس بات کی مقتضی نہ ہوئی کہ بیوہ عورت سے مقابلہ کریں۔ اس لئے اُنھوں نے راگوبا کو مدد دینے سے انکار کیا۔ اور پیشوا نے بھی اپنے چچا کو لڑنے سے منع کیا۔ حاصل یہ کہ اہلیا بائی نے سپاہ کی اعانت اور اقبال کی یاری اور اپنے ہموطنوں کی مدد سے بے خلش وارث تخت ہوکر ۱۷۶۵ء میں عنان سلطنت اپنے ہاتھ میں لی۔ اُس وقت اُس کی عمر ۳۰ برس سے زیادہ نہ تھی۔ کہتے ہیں کہ اُس نے خزائن سلطنت پر متصرف ہوکر تمام روپیہ آسائش خلق اور رفاہ عام کے کاموں میں صرف کر دیا۔ ٹیکاجی ہلکر کو اپنی فوج کا سپہ سالار بنایا اور جو کام اپنے سے نہ ہوسکتے تھے۔ وہ اُس کو تفویض کئے۔ اور اگرچہ گنگادھر نے اُس سے مخالفت کی تھی۔ مگر اُس نے اس بات کا کچھ خیال نہ کیا اور اُس کی خدمات سابقہ اور حسن لیاقت پر نظر کرکے دیوانی کے منصب پر اُسے بحال کر دیا۔ اور جو علاقے ٹیکا جی [illegible]

تفویض ہوئے تھے۔ اُس نے اُن کا خوب انتظام کیا ایک دفعہ جب دکن کے سرداروں نے سرکشی کر کے ملک دبانا چاہا۔ تو وہ بارہ برس تک اُن کے مطیع کرنے کے لئے اُسی جگہ رہا اور کبھی بیدل ہو کر وہاں سے ہٹنے کا ارادہ نہ کیا۔ جیسا یہ شخص اپنے آقا کی قدردانی کا شکر گزار تھا اور اُس کی نمک حلالی اور خیر خواہی کا دم بھرتا تھا اُس کا صلہ بھی اُس کو خاطر خواہ ملا۔ زندگی بھر توقیر اور عزت رہی اور مرنے کے بعد اس کی اولاد میں اُس کے مرتبے کا ورثہ پہنچا ٹیکا جی ہلکر اہلیا بائی کو اپنی ماں کہتا تھا۔ اور اہلیا بائی اُس کو ملہا راؤ ہلکر کا بیٹا کہتی تھی +

صوبۂ مالوہ اور نماڑ کا انتظام اہلیا بائی خود کرتی تھی۔ اور یہ چاہتی تھی کہ حلم اور انصاف کے ساتھ حکمرانی کر کے اپنے ملک کی حالت کو بہتر اور رعایا کو مرفع الحال کرے۔ بڑا اصول اُس کی سلطنت کا یہ تھا کہ مالگذاری کی شرح سخت نہ ہو۔ اور افسرانِ دیہ اور مالکانِ اراضی کے اصلی حقوق قائم رہیں۔ وہ اپنے عدل اور رعایا کی خیر خواہی کے بھروسے پر ملک میں فتنہ پیدا ہونے سے مطمئن تھی۔ اپنی ریاست کی فوج اور اپنے نام کی ہیبت کے سبب سے وہ غنیم کے حملے سے بھی بے خطر تھی۔ جو خراج گزار راجا ہلکر کے خاندان کے تھے۔ اُن کے ساتھ بڑی ملائمت اور التفات سے پیش آتی تھی۔ ساہوکاروں اور سوداگروں اور زمینداروں

اور کاشتکاروں کی ترقی جس قدر اُس کے دل کی خوشی کا باعث تھی اتنی کوئی اور چیز نہ تھی۔ اُن کے مال و متاع کی افزائش سے وہ محصول کے بڑھانے کا قصد نہ کرتی تھی۔ بلکہ اُس سے اُن کی حفاظت اور رعایت کا حق اپنے اوپر زیادہ جانتی تھی۔ گونڈ اور بھیلوں کو بھی شفقت کے ساتھ آدمی بنانا چاہتی تھی لیکن جب نرمی سے کام نہ نکلتا تھا۔ تو سختی میں بھی دریغ نہ کرتی۔ اگرچہ ہنود میں اور مذہب والوں کے ساتھ سختی سے پیش آنا کچھ عجب نہیں۔ مگر اس میں یہ بات بڑھ کر تھی کہ وہ غیر مذہب والوں کے ساتھ زیادہ مہربانی سے پیش آتی تھی۔ جو تدبیریں اُس نے ملک کے انتظام کے لئے کی تھیں۔ اُن کا مفصل بیان کرنا تو مشکل ہے۔ صرف اتنا ہی لکھنا کافی ہے۔ کہ اُس کی سلطنت ایک عمدہ سلطنت کا نمونہ مانی جاتی ہے۔ اُس کا انتظام ایسا مستند سمجھا جاتا ہے کہ جب کسی تکرار کے موقع پر یہ کہا جائے کہ اہلیا بائی کے وقت میں یہ بات یوں ہوئی تھی۔ تو پھر کسی کو کچھ کلام نہیں رہتا +

اہلیا بائی نے اتنی مدت سلطنت کی مگر اُس کے علاقے پر کبھی کسی نے حملہ نہیں کیا۔ ہاں اسی اودے پور کے رانا نے ایک بار حملہ کیا تھا۔ سو اُس کو ایسی طاقت اور چالاکی سے اُس نے ہٹایا کہ صلح کی التجا کرنے کے سوا رانا کو کچھ نہ بنی اور آخر کو

باہم صلح ہوگئی جیسا اُس کا ملک غنیم کے حملے سے محفوظ تھا- ویسا ملک کے اندر بھی کچھ جھگڑا یا فساد نہ تھا- یہ سب باتیں اُس انصاف پروری اور معدلت گستری کا نتیجہ تھیں- جو وہ ہر ادنےٰ اور اعلےٰ کے ساتھ برتتی تھی -غریب اور محنتی آدمیوں کے ساتھ وہ بڑی مہربانی سے پیش آتی تھی اور جو فتنہ پرواز اور مفسد تھے- اگرچہ اُن پر ظلم نہ کرتی تھی- مگر تشدد اور تہدید سے اُنہیں سیدھا کرتی تھی- ہندوستان میں اچھے بُرے حاکم کی یہ تمیز ہے -کہ جو اپنے ارکان سلطنت کو جلد بدلتا رہے اور مدت تک نہ رکھے- وہ بڑا ظالم اور ناقدر گنا جاتا ہے- اور جو اُس کے خلاف کرے وہ اچھا اور قدردان کہلاتا ہے -اہلیا بائی نے اتنی مدت تک حکمرانی کی-مگر پنڈت گوبند گنو کو جو قوم کا برہمن تھا کبھی منصب وزارت سے نہ بدلا ناظموں کو بھی یہ شاذ و نادر ہی بدلتی تھی- چنانچہ کندی راؤ بیس برس سے زیادہ عرصے تک اندور کا ناظم رہا- یہ بات مشہور ہے -کہ اُس سے راضی ہونے کا باعث یہ نہ تھا-کہ وہ اپنے علاقے کی مالگذاری کا روپیہ وقت پر بھجوا دیتا تھا- بلکہ اس سبب سے کہ اُس کی رعایا اُس سے راضی اور خوش تھی- چھوٹی بڑی ریاستوں کے وکیل جو اُس کے دربار میں حاضر رہتے تھے سب اس بات کے قائل تھے -۳- اہلیا بائی صلح اور جنگ کے معاملات اور غیر ریاستوں کے ساتھ اتحاد اور ارتباط رکھنے میں

اپنے سب ہمسروں پر فوقیت رکھتی ہے۔ بائی کے معتمد پونا۔ حیدر آباد۔ سرنگا پٹم۔ ناگپور۔ لکھنو۔ اور کلکتے میں رہتے تھے۔ اور اس کی خط و کتابت ہندوستان میں دور دور تک تھی۔ بہت سے قلعے اُس نے تعمیر کرائے اور جوم میں ایک نادر سڑک بندھیا چل پہاڑ کے اوپر بڑی لاگت سے بنوائی۔ مذہبی مکانوں کی تعمیر میں اور دھرم سالوں کے بنانے میں اُس نے بڑا روپیہ صرف کیا اور ہلکر کے تمام علاقوں میں دھرم سالے اور کوئیں بنوا دئے وہ اپنے ہی علاقے میں دان پن نہ کرتی تھی۔ بلکہ اُس کا فیض عالمگیر تھا۔ ہندوؤں کے جتنے تیرتھ جاترا ہیں۔ جیسے جگن ناتھ۔ بنارس۔ کدار ناتھ۔ دوارکا۔ سیت بندر۔ ان سب مقامات میں اُس نے مندر بنوائے تھے۔ اور پجاری وغیرہ اپنی طرف سے مقرر کرکے پن کا روپیہ سالانہ وہاں بھیجا کرتی تھی۔ بنارس میں جو بشیشر ناتھ کا مندر ہے وہ اُسی کا کا بنوایا ہوا ہے اور دوسرا مہا دیو کا مندر جو گیا میں ہے وہ بھی اُسی نے بنوایا ہے۔ اندور کا پرانا شہر دریا کے دائیں کنارے پر بنا تھا۔ نیا شہر جو بائیں کنارے پر اب واقع ہے وہ اُسی کا آباد کیا ہوا ہے۔ اور ۱۷۷۰ء میں بسایا گیا تھا +

یہ بات قابل تعجب ہے۔ کہ اس نے عورت ہوکر تیس برس تک اتنی محنت کس طرح اُٹھائی۔ اہلیا بائی کا یہ معمول تھا۔ کہ دو تین گھڑی رات رہے سے پوجا پاٹ کرنے کو اُٹھتی تھی۔ اُس سے فارغ ہوکر

تھوڑی دیر تک کتھا سنتی اور پھر کئی برہمنوں کو دے کر اپنے ہاتھ سے اُنہیں بھوجن کرواتی اُس کے بعد اُس کے واسطے کھانا آتا جس میں ساگ پات ہوتا تھا۔ اگرچہ اُس کی قوم میں گوشت کھانے کی ممانعت نہ تھی۔ مگر اُس نے اسے چھوڑ دیا تھا کھانا کھا کر تھوڑی دیر آرام کرتی۔ پھر دو بجے کے بعد پوشاک بدل کر دربار میں آتی اور شام کے چھ بجے تک دربار کرتی۔ دکن کے ہندو نہ اپنی عورتوں کو پردہ میں بٹھاتے ہیں نہ اُنہیں برقع اُڑھاتے ہیں۔ پردہ نشینی اور برقع اوڑھنے کی رسم زیادہ تر اُن اضلاع میں ہے۔ جہاں مسلمانوں کی کثرت رہتی ہے +

مرہٹوں کے اوضاع و اطوار میں اب تک قدیم ہندوؤں کا ڈھنگ پایا جاتا ہے وہ اپنی عورتوں کو لکھنا پڑھنا سکھاتے ہیں اور جو ذی رتبہ آدمی ہیں وہ پڑھنے لکھنے کے علاوہ گھوڑے پر چڑھنا بھی سکھاتے ہیں اور جس قدر آزادی وہ پہنچتی ہیں اُس کے دینے میں دریغ نہیں کرتے۔ ریاست کے کار و بار میں بھی اکثر اُن کو دخل دیتے ہیں +

یہی سبب تھا۔ کہ اہلیا نے جو ریاست کے کاروبار بذات خود کیے اور کھلے دربار میں بیٹھی کسی نے اُس پر اعتراض نہ کیا اُس کا دستور تھا کہ تمام مقدمات آپ سنتی تھی۔ ہر مستغیث اُس کے دربار میں باریاب ہوتا تھا اُس کا قول تھا۔ کہ میں خوب یقین کرتی۔

ہوں۔کہ اپنے تمام افعال حکومت کا حساب مجھے خدا کو دینا پڑیگا +

غرضیکہ اہلیا بائی غروب آفتاب تک اسی طرح رعیت کے کار و بار میں مصروف رہتی۔شام کو پھر دو تین گھنٹے پوجا کرکے سادھوؤں کا سا بیالو کرتی اُس کے بعد پھر نو بجے سے گیارہ بجے تک کام کرتی اور آدھی رات گئے سوتی۔ اُس کی پوجا پاٹ اور ریاضت کے کاموں میں بجز برت یا تہواروں یا کسی خاص ضرورت کے کبھی فرق نہ آتا تھا۔ اہلیا بائی کے بہت سے کام اور کار خانے ایسے تھے۔جن سے ثابت ہوتا ہے۔کہ وہ نیت خالص اور دریا دلی سے یہ فیض کے کام کرتی تھی۔ وہ ہر روز فقرا کو کھانا کھلاتی تھی +

جب گرمی کے موسم میں پہاڑی ندیوں کے خشک ہو جانے سے مالوے اور دکن میں پانی کی قلت ہوتی تھی۔تو وہ راستے میں مسافروں کے آرام کے لئے تھوڑی تھوڑی دور پر پیاؤ (سبیل) بٹھا دیتی تھی جاڑے کے موسم میں غربا و مساکین کو کپڑے بانٹتی تھی۔چرند پرند بھی اُس کے فیض سے بے نصیب نہ تھے۔ مہیسر کے قریب جو دہقان کھیتی کرتے تھے اور گرمی میں بیلوں کو جوتتے تھے۔اہلیا بائی کے نوکر کھیت پر پانی لے جاتے اور اُن کے بیلوں کا جوا کھلوا کر خود پانی پلاتے تھے۔عجب نہیں۔کہ

اس زمانے کے کفایت شعار یہ اعتراض کریں۔ کہ
دور دست مواضع میں اس کا صرف کرنا فضولی سے
خالی نہ تھا۔ مگر انصاف سے دیکھو تو یہ وہ باتیں
ہیں۔ جن کی بدولت تیس برس تک اس کے ملک
میں امن رہا۔ اور رعایا خوش و خرم رہی۔ اور سب
لوگ اس کی تہ دل سے تعظیم و تکریم کرتے رہے
سر جان میلکم صاحب نے اُس کے ایک نوکر کی تقریر
بجنسہٖ لکھی ہے۔ ہم بھی اُس کو اس جگہ تحریر کرتے
ہیں۔ "میں خوب جانتا ہوں کہ اس کا نام لینے سے
لوگوں کے دلوں میں عجب طرح کے خیال پیدا ہوتے
تھے۔ اُس کی قوم کے راجا سمجھتے تھے۔ کہ جو اُس
سے مخالفت کرے یا غنیم کے مقابلے کے وقت اُس
کی مدد نہ کرے وہ اُن لوگوں کے شمار میں ہے۔ جو
دیوتاؤں کے چڑھاوے میں تغلب کرتے ہیں۔ فقط اُس
کی قوم والے نہیں بلکہ غیر قوم کے لوگ بھی اُس کو
ایسا ہی مانتے تھے۔
نظام دکن اور ٹیپو سلطان اُس کی اتنی ہی قدر
کرتے تھے۔ جتنی پیشوا کرتا تھا۔ ہندو مسلمان سب
اُس کی عمر و دولت کی افزائش کے لئے دست بدعا
رہتے تھے۔ مالوے میں اہلیا بائی کی مورت کو رام چندر
جی اور سیتا جی کی مورتوں کے برابر رکھ کر اب تک
پوجتے ہیں۔"
اہلیا بائی کی اخیر عمر جانکاہ حادثوں کے سبب

بڑی مصیبت سے کٹی۔ اول اُس کا بیٹا خفقان کے
مرض میں مبتلا ہوکر مرگیا۔ ہنوز یہ زخم بھرنے نہ
پایا تھا۔ کہ داماد نے اس جہاں سے انتقال کیا۔
مٹھا بائی اُس کی بیٹی جو نیک بختی میں اپنی ماں کے
برابر تھی شوہر کے مرنے کے بعد ستی ہونے کو
تیار ہوئی۔ اہلیا بائی نے ہر چند اسے سمجھایا۔
اور منت اور سماجت سے کہا کہ تیرے سوا اب میرا
کوئی نہیں رہا۔ جب خاوند کے مرنے سے میری آنکھوں
میں جہان تاریک ہوا۔ تو میں تم بھائی بہنوں کو
اپنی آنکھ کی روشنی اور گھر کا چراغ سمجھتی رہی۔
سو خدا نے تیرے بھائی کو تو دنیا سے اٹھا لیا۔ اگر
تونے بھی اس جہاں سے رحلت کی تو میری چھاتی
کا داغ کس طرح مٹیگا۔ اور میری زندگی کے دن کس طرح
کٹینگے۔ اگرچہ بیٹی کو ماں سے بہت محبت تھی۔ مگر
اُس نے یہی جواب دیا۔ کہ آخر تم کو بھی مرنا ہے۔
اور بہت سی عمر کٹ چکی ہے۔ تھوڑی سی رہ
گئی ہے۔ تھوڑے دن اور بھی صبر کے ساتھ کاٹو۔
اور اپنے ارادے سے باز نہ آئی۔ جب اہلیا بائی نے
دیکھا کہ وہ کسی طرح نہیں سمجھتی تو چار و ناچار وہ
بھی راضی ہوگئی۔ جس وقت مٹھا ستی ہونے کو چلی
تو اہلیا بائی بھی چِتا تک اُس کی سواری کے
ساتھ ساتھ گئی اور دو برہمنوں کے سہارے سے
جو اُس کی بانہیں پکڑے تھے کھڑی رہی آخر کو

جب آگ بھڑکی تو وہ اپنے قابو میں نہ رہی اس وقت اُس کا یہ نقشہ ہُوا کہ بڑے زور سے اپنی بانہوں کو چھڑاتی تھی۔ اور چاہتی تھی کہ کسی طرح آگ کے پاس پہنچ کر لڑکی کو اندر سے نکال لوں۔ ادھر تو لوگ جو اس موقع پر جمع تھے۔ جے جے کار پُکار رہے تھے۔ اُدھر وہ آہ و زاری اور نالہ و فریاد کرتی تھی۔ غرض جب وہ جل چکی اور لوگ نربدا پر اشنان کرنے چلے۔ تو یہ بھی اُن کے ساتھ بھلے بُرے حال دریا پر گئی۔ مگر وہاں سے آکر تین روز تک محل میں رہی نہ کسی سے بات کی نہ ایک دانہ زبان پر رکھا۔ تھوڑے دن میں جب غم کی آنچ کچھ دھیمی ہوئی تو اُن دونو لختِ جگروں کی یادگار کے واسطے ایک عمدہ عمارت بنوانی شروع کی اور اس طرح غم غلط کرنا چاہا +

اہلیا بائی نے ۱۷۹۵ء میں اس جہان سے انتقال کیا۔ اس وقت اُس کی عمر ساٹھ برس سے زیادہ نہ تھی۔ مگر فکر اور محنت نے اُسے گھلا دیا تھا۔ لوگ اس کا سبب یہ قیاس کرتے ہیں کہ اس کو برت رکھنے کا بڑا شوق تھا۔ اور سینکڑوں برت جو شاستر میں لکھے ہوئے ہیں وہ سب رکھتی تھی۔ اُس کی عفت اور پارسائی لاثانی بیان کی جاتی ہے +

نہایت انصاف اور فیاضی کے ساتھ اُس نے سلطنت کی۔ رفاہِ عام کے کاموں کی ہمیشہ اُسے دھن لگی رہتی

تھی۔ ان باتوں کے سوا ایک بات بڑی تعریف کے قابل یہ تھی کہ خوشامد جس کو ہمیشہ عورتیں تہ دل سے پسند کرتی ہیں۔ اہلیا بائی کو اُس سے نہایت نفرت تھی۔ ایک دفعہ ایک برہمن ایک کتاب اس کی تعریف میں لکھ کر لایا۔ جس وقت تک وہ اُس کے سامنے پڑھتا رہا وہ چپکی بیٹھی سنا کی۔ جب وہ پڑھ چکا تو اُس نے کہا کہ میں گنہگار ضعیف العقل اس تعریف کے لائق کب ہوں۔ اور برہمن کی طرف مطلق التفات نہ کی اور اُس کی کتاب کو نربدا میں پھنکوا دیا+

میلکم نے اس عورت کا حال اس طرح لکھا ہے۔ کہ اہلیا بائی کے جو حالات بیان کیئے گئے ہیں۔ اُن کی تصدیق ایسی دلائل اور براہین سے ہوتی ہے۔ جنمیں شک کو کچھ دخل نہیں۔ تعجب یہ ہے۔ کہ عورت ہوکر اُس میں خود بینی کی بُو مطلق نہ تھی۔ اور باوجودیکہ اپنے مذہب میں بڑی پکی تھی۔ مگر دوسروں کے مذہب سے اُسے تعرض نہ تھا۔ اگرچہ اُس کی طبیعت میں پرلے درجے کا تعصب تھا۔ لیکن ہمیشہ ایسے ہی خیالوں میں رہتی تھی۔ جس سے عموماً تمام رعایا کو فائدہ پہنچے۔ اپنی سلطنت کا انتظام بڑی چستی اور لیاقت کے ساتھ کرتی تھی۔ اور حکمرانی میں نرمی اور سیاست دونو کو کام میں لاتی تھی۔ ضعیف العقل اور خطا کاروں کی تقصیر سے چشم

پوشی بھی کر جاتی تھی +

اگر ہم اُس کے اوصاف سنجیدگی کی نظر سے دیکھیں تو معلوم ہوتا ہے۔کہ وہ اپنی چھوٹی سی ریاست میں نہایت پاک سرشت اور اوروں کے لئے ایک نمونہ حکمرانی کا ہوئی ہے۔اس کا حال دیکھنے سے معلوم ہوتا ہے۔کہ جس شخص کو دنیا کے کار و بار میں اپنے خالق کی جواب دہی کا خوف ہوتا ہے۔اُس سے کیسی نیکیاں ظہور میں آتی ہیں یہ بھی ایک تعجب انگیز بات ہے۔کہ اہلیا بائی جیسی نام آور عورت کا ذکر ہندوستان کی تاریخ میں کچھ نہیں۔مل صاحب نے شاید دیدہ و دانستہ اس کا حال اس خیال سے چھوڑ دیا ہے۔کہ شروع کے بابوں میں جو حالات اُنہوں نے لکھے ہیں اُس سے مخالفت نہ ہوجائے تھارنٹن صاحب تو صاف جیتی مکھی نکل گئے۔تلسی بائی جو ایک فاحشہ عورت تھی اُس کا حال تو خوب چمکا کر لکھا۔مگر اہلیا بائی کا نام چپ چپاتے چھوڑ گئے۔ ایسٹ انڈیا کمپنی نے ہندوستان کا بہت سا روپیہ ایسی کتابوں میں صرف کیا ہے۔جن سے ہندوستانیوں کا حال کچھ کا کچھ معلوم ہوتا ہے۔لیکن سوائے لڑائی جھگڑوں کے اور کچھ حال اُس کتاب سے نہیں کھلتا اب تک خاص ہندوستان کے کسی مؤرخ نے تاریخ نہیں لکھی اسی سبب سے لوگوں کو ہندوستانیوں کا حال غلط معلوم ہے۔ غرض کہ جیسا اکبر بادشاہ تمام

بادشاہوں میں افضل گنا جاتا ہے۔ اسی طرح اہلیابائی سب رانیوں میں بہتر شمار کی جاتی ہے +

رانی کور

۱۷۹۳ء میں پٹیالہ کی ریاست پر راجہ صاحب سنگھ حکمران تھا۔ اور اُس کی بہن رانی کور دوسری جگہ بیاہی ہوئی تھی۔ لیکن راجہ صاحب سنگھ بالکل حکمرانی کے قابل نہ تھا۔ جس سے نہایت ابتری پھیلی ہوئی تھی۔ آخرکار رانی کور کو منتظم ریاست قرار دیا گیا۔ اُس نے کار و بار ریاست ہاتھ میں لیتے ہی سب ابتریاں دور کر دیں۔ اور راجا و پرجا دونو خوش رہنے لگے۔ انتظامی صیغے بھی درست ہوگئے۔ اور ریاست کی انتظامی مشین عمدہ طور سے چلنے لگی۔ اس عرصے میں سردار فتح سنگھ والئے فتح گڈھ نے رانی کور کے خاوند سردار جیل سنگھ پر چڑھائی کرکے اس کی گڑھی فتح کر لی۔ اور جیل سنگھ کو قید کرکے لے گیا۔ جب رانی کور کو معلوم ہوا۔ یہ پٹیالے سے فوج لے گئی اور اپنے خاوند کو چھڑا لائی ۱۷۹۴ء میں مرہٹوں کی فوج نے پٹیالے پر چڑھائی کی۔ رانی کور نے آس پاس کے سکھ سرداروں کو لکھا۔ وہ سب آکر پٹیالے میں جمع ہوگئے۔ اور اپنی اپنی جمعیت ساتھ لیتے آئے۔ تب رانی کور نے مجموعی

طاقت سے فوج مرہٹہ کا مقابلہ کیا۔ فوج کی کمان خود کرتی تھی۔ لکھا ہے کہ مرہٹہ سپاہیوں سے لڑتے لڑتے سکھ سپاہیوں کی ہمت ٹوٹ چکی تھی۔ اور فوج تتر بتر ہونے لگی تھی۔ یہ حالت دیکھ کر کور رانی رتھ پر سے اتری اور بھالا لے کر گھوڑے پر سوار ہوئی اور اپنی فوج کے سپاہیوں کو للکار کر کہا۔ کہ سکھ بہادرو! تمہارا راجہ عیش عشرت کے مزے لے رہا ہے۔ میں عورت ہوکر میدان جنگ میں آئی ہوں اور اب میں میدان چھوڑ کر جانے والی نہیں۔ لیکن تم یاد رکھو کہ اگر تم مجھ کو چھوڑ کر بھاگ جاؤگے تو اپنے نام کو سخت بٹا لگانے والے ہوگے۔ اس للکار سے سکھ سپاہیوں کو از سر نو جوش آیا۔ اور وہ پُر جوش مردانگی سے لڑنے لگے۔ یہ لڑائی شام تک جاری رہی پھر بہادر رانی نے رات کو مرہٹہ فوج پر شبخون مارا جس سے مرہٹہ فوج میں ہل چل پڑ گئی۔ اور مرہٹے سردار جان گئے کہ سکھوں پر غالب آنا آسان نہیں اور اپنی فوج کو واپس لے گئے +

سنہ ۱۷۹۶ء میں ریاست ناہن کی رعایا اپنے راجہ سے بگڑ گئی تھی اور راجہ بالکل بے بس ہو گیا تھا۔ تب رانی کور نے اپنی فوج لے جا کر اُس بغاوت کو دور کیا اور تین مہینے وہاں رہ کر وہاں کے بگڑے ہوئے انتظام کی اصلاح کی +

سنہ ۱۷۹۸ء میں جارج ٹامس نے ریاست جیند پر چڑھائی

کی تھی۔ اُس موقع پر رانی کور پٹیالہ کی فوج لے کر راجہ جیند کی مدد کو آ پہنچی۔ اور جارج ٹامس کی فوج کا ایسا مقابلہ کیا۔ کہ جارج ٹامس کو جیند کا محاصرہ اُٹھا دینا پڑا۔ گو آخر میں اُس نے اور زیادہ فوج بھرتی کر کے سکھوں پر فتح پائی۔ لیکن کور رانی کی یہ ترقی اور شہرت دیکھ کر بعض حاسد جل رہے تھے اُنہوں نے عیش پرست راجہ پٹیالہ کو اور طرح بھڑکانا اور بہکانا شروع کیا۔ یہاں تک کہ راجہ صاحب سنگھ اپنی بہن کور رانی سے بد ظن اور ناراض ہو گیا جس کے نتیجہ میں طرفین سے فوج کشی اور مقابلہ تک کی نوبت پہنچی۔ لیکن آخر میں عقلمند رانی اپنی جاگیر کے قلعے میں جا کر بیٹھ رہی اور بھائی نے اُس پر زیادہ تشدد چھوڑ دیا۔ وہیں ۱۷۹۹ء میں اُس کا انتقال ہو گیا +

مہارانی سُورنا بائی۔ سی۔ آئی

مہارانی سورنا بائی ۱۸۲۷ء میں بمقام برہان پور پیدا ہوئیں۔ ۱۸۳۶ء میں راجہ کشن ناتھ رائے بہادر سے شادی ہوئی۔ ۱۸۴۲ء میں خاوند نے بوجہ فتور عقل خود کشی کر لی۔ اور یہ اپنے خاوند کی ریاست کی مالک ہوئیں۔ جو دس بارہ ضلعوں میں پھیلی ہوئی تھی۔ اور اُس کی حالت نہایت ابتر ہو رہی تھی۔ سورنا بائی نے تجربہ کار افسر اور لیاقت دار

عملہ نوکر رکھ کر اس کا معقول انتظام کیا۔ جس سے معقول بچت ہونے لگی۔ اور کافی روپیہ خزانہ میں جمع ہوگیا۔ سورنا بائی نے بنگال میں کئی سدا برت جاری اور کئی دوا خانے قائم کئے۔ کئی پاٹ شالا اور مدرسے جاری کئے ۱۸۷۶ء کے طوفان بنگال میں ہزاروں روپیہ مصیبت زدہ لوگوں کی ہمدردی میں خرچ کیا۔ پھر قحط بنگال کے وقت ایک لاکھ روپیہ قحط فنڈ میں دیا۔ غریب پروری کا کوئی موقع ایسا نہ ہوگا جہاں اس نے اپنی فیاضی اور ہمدردی ظاہر نہ کی ہو۔ یہاں تک کہ حکلم میں مہارانی سورنا بائی کا نام زبان زدِ عام ہوگیا تھا۔ ۱۸۷۱ء میں سرکار نے اُس کی ایسی نمایاں فیاضیوں پر سی آئی کا خطاب مرحمت فرمایا +

رانی کرُناتھ

یہ رانی رانا سانگا والئے میواڑ کی رانی تھی۔ اور رانا سانگا ایک مشہور بہادر تھا۔ مگر اُس کے امیروں اور وزیروں نے اُس کے ساتھ دغا کی۔ اور وہ دغا سے مارا گیا۔ رانی کرُناتھ اُس وقت حاملہ تھی۔ بعد چند ماہ کے لڑکا پیدا ہوا جس کا اودے سنگھ نام رکھا گیا۔ اور رانا سانگا کی جگہ رانا رتن جو دوسری رانی کے بطن سے تھا۔ گدی نشین ہوگیا۔ مگر وہ بھی بہت جلد قتل

کر دیا گیا۔ پھر تیسرا لڑکا بکرماجیت نام مسند نشین ہوا۔ یہ عیش و عشرت میں پڑ گیا۔ اور ریاست کا کام تو بگڑ ہی رہا تھا۔ کسی امیر اور وزیر نے اصلاح و انتظام کی جانب کچھ توجہ نہ کی۔ یہ حالات سن کر بہادر نامی سلطان گجرات میواڑ پر چڑھ آیا۔ رانا بکرماجیت اس کے مقابلے سے عاجز آیا۔ اور سب افسر اور عہدہ دار بکرماجیت کو چھوڑ کر رانی کرناتھ سے جا ملے۔ اس میں قلعہ چتوڑ کو بچانے کے لئے جا بجا سے راجپوت آگئے۔ اور ایک فوج فراہم ہوگئی اور کئی مہینے لڑائی جاری رہی۔ لیکن سلطان گجرات کو شکست نہ دے سکے۔ تاہم رانی کرناتھ کے ڈھارس بندھانے سے وہ ایک جگہ تھمے ہوئے تھے۔ اس عرصے میں رانی کرناتھ کو یہ تدبیر سوجھی کہ راجپوتی رسم کے موافق اُس نے شاہنشاہ ہمایوں کے پاس اپنی ایک چوڑی بھیجی۔ جس کے یہ معنی تھے۔ کہ وہ عورت ہوکر شاہنشاہ سے اپنی چوڑی کی عزت رکھنے اور شاہنشاہ پر دھرم بھائی ہونے کا بھروسہ رکھتی ہے۔ اور اس مشکل وقت میں اُس سے مدد کی درخواست کرتی ہے۔ یہ چوڑی مع عرضداشت ایک نہایت ہوشمند اور دانا معتمد کے ہاتھ مع تحائف شاہانہ دہلی کو روانہ کی گئی۔ ہمایوں اس وقت بنگال کے انتظام میں مصروف تھا۔ جب یہ چوڑی پہنچی وہ سخت متاثر ہوا اور اس نے جواب دیا۔ کہ تم بے فکر رہو میں آتا

ہوں - اور اپنی فوج لے کر روانہ ہوا- لیکن افسوس کہ اُس کے داخل ہونے سے پیشتر قلعہ فتح ہو چکا تھا - اور سینکڑوں بہادر راجپوتوں کے ساتھ رانی کرناتھ بھی ختم ہو چکی تھی- جب شاہنشاہ ہمایوں نے یہ حال دیکھا- تو تمام حملہ آوروں سے اس بہادر رانی کا انتقام لیا اور اُن کو چتور سے نکال دیا- اور رانی کرناتھ کے بیٹے اُودے سنگھ کو بہت پیار سے باپ کی جگہ بٹھایا اور تمام عمر مثل بزرگوں کے اُس پر شفقت کرتا رہا +

تمت